誰もが知っておきたい

火災と法律責任
―いざという時のために―

元・消防大学校客員教授
　　茨城大学講師

関　東一　著

近代消防社 刊

はしがき

　電気やガスなどの火気は、私どもの日常生活上不可欠のものですが、反面、その周りに可燃物が置かれている限り、燃焼の原理上、火災の可能性（危険性）は限りなく存在することになります。

　したがって、火災の問題は、私どもにとって決して縁のない事柄ではなく、優れて身近な問題といえるでしょう。

　ところで、火災が発生すると、私どもは、消防法令上一定の義務や法的責任を負うことになります。例えば、火災の発生を発見した者はできるだけ速く消防署等に通報しなければならない義務、火災を発生させた者は勿論、出火建物の居住者や勤務者で火災現場に居合わせた者などは、消防隊が火災現場に到着するまで消火、延焼の防止または人命の救助をしなければならない義務、火災の現場付近にいる者は、消防隊が火災現場に到着するまで、出火建物の居住者や勤務者の行う消火活動等に協力しなければならない義務その他多くの義務が課され、また、出火建物の居住者等で、消防隊から情報の提供を求められた者が正当な理由なくこれを拒否した場合には、6月以下の懲役または50万円以下の罰金の対象となるなど消防法上の法的責任を問われる場合があるのです。

　一方、過って火災を発生させた場合には、刑法上の法的責任として、その原因や過失の程度により失火罪、重失火罪、業務上失火罪などの刑罰の対象となります。更には、火災により他人に損害を与えた場合には、民事責任として、損害を与えた原因により不法行為責任や債務不履行責任などの損害賠償責任を負うことになるのです。

　そして、これらのことが私どもの身近な「火災と法律責任」の問題なのです。

　私は、東京消防庁を定年退職後、平成9年に当時の自治省、現在の総務省消防庁所管の消防大学校の委嘱により、同大学において消防行政法などの講義を担当するとともに、茨城大学教育学部教育学科の非常勤講師に採

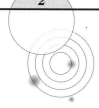

用され、一般教養科目として「火災と法律責任」に関する講義を担当することになりました。

※　なお、参考までに、私が茨城大学教育学部の非常勤講師として採用されるまでの手続について触れておきたいと思います。

　国立大学の場合、どこでも同じと思いますが、講師として採用されるためには、①履歴書（氏名、年齢、学歴、資格、学位等を記載したもの）、②業績調書（主要な研究業績として、主な著書、論文等各５本以上記載したもの—著書、論文等の本数は大学側から要求されたもので、この１本・２本などの呼称は、業績の個数を表す学会特有の用語と思われます。）、③教養科目調書（教育学部教育学科での講義内容の概要を記載したもの）を大学側に提出してその審査を受け、これに合格した場合、次のような「人事異動通知書」の交付を受けて採用されます。業績調書の審査については、その性質上、可成り厳しいようです。

人事異動通知書

（氏名） 　　関　　東　　一	（現官職） 　　　　講　　師
（異動内容） 講師（茨城大学教育学部）に採用する。 １時間5,700円を給する。 平成９年４月１日 任命権者　茨城大学学長　橋本周久　印	

　講義に対する報酬は、当時のお金で１時間5,700円、必ずしも高いものではなかったと思いますが、そのような金額の多寡よりも、国立大学の教壇に立てる喜びの方がはるかに勝っていたように憶えています。

　本書は、茨城大学工学部での講義内容を一般向けに書き改め、さらに民事責任や刑事責任に関する裁判事例などを幅広く補充したものです。

　火災等の有事の際の知識の一端としてお役に立てるところがあれば幸いです。

　本書の最後に受講学生のリポートを紹介することにしましたが、このリポートを読む限り、「火災と法律責任」についての学生の関心と消防への認識の度合は、可成り深まっているように思われます。

　一般市民のみなさんの場合にもそうありたいものです。

　なお、本書の刊行にあたっては、校正などで、近代消防社の家氏千里さんに大変ご助力をいただきました。記して御礼を申し上げます。

　令和３年　初春

日立市中成沢の小庵にて

著　者

目　次

はしがき

1 ことわざ「地震、雷、火事、親父」の防災上の意義 ……… 7

2 火災の定義、火災の種別、建物火災の焼損の程度
および出火原因 ……………………………………………… 9

   1　火災の定義（火災とは何か）／9

   2　火災の種別／10

   3　建物火災の焼損の程度／10

   4　出火原因／11

3 火災等に関連する消防法令上の義務と法的責任 ………13

   1　住宅用防災機器の設置義務と法的責任／13

   2　たき火・喫煙禁止区域における火気の制限（消防法第23条）／15

   3　劇場・百貨店等の客席・売場等における喫煙・裸火等の制限（火
災予防条例(例)第23条）／16

   4　たき火の禁止・制限（火災予防条例(例)第25条）／17

   5　火災警報発令中における火の使用の制限（消防法第22条第4項）
／18

   6　火災を発見した者の通報義務（消防法第24条第1項）／19

   7　火災警戒区域内での火気の使用禁止・制限等（消防法第23条の2
第1項）／20

   8　火災の現場に向かう消防車に道路を譲らなければならない義務
（消防法第26条第1項）／22

   9　消防隊の緊急通行を受忍する（耐え忍んで受け容れる）義務（消
防法第27条）／23

   10　消防警戒区域からの退去命令や同区域への出入りの禁止・制限
（消防法第28条第1項）／25

11 出火建物の関係者等の消火・延焼防止等の義務（消防法第25条第1項）／26

12 火災現場付近にある者の消火、延焼防止等の協力義務（消防法第25条第2項）／28

13 火災時における出火建物等の関係者等の情報提供義務（消防法第25条第3項）／29

14 火災現場付近にある者の消防作業従事義務（消防法第29条第5項）／31

15 消防団員の消火活動等を妨害した者の法的責任／33

16 火災調査のための質問権と被質問者の法的責任／33

17 火災調査のための立入検査権と関係者の法的責任／36

18 火災調査のための資料提出命令・報告徴収と関係者の法的責任／38

19 火災の原因の疑いのある製品の製造業者等に対する資料提出命令・報告徴収と製造業者等の法的責任／39

4　火災と刑事責任 ……………………………………41

1 放火罪／41

【参考】放火と火災保険等／48

2 失火罪／51

3 重失火罪／53

4 業務上失火罪／55

5 火災と業務上過失致死傷罪／57

　○防火管理責任として、業務上過失致死傷罪の刑事責任を問われた14件の裁判例／62〜90

6 消火妨害罪／90

5　火災と民事責任 ……………………………………………… 93

　　1　不法行為による損害賠償責任（不法行為責任）／93
　　2　責任無能力者の監督義務者等の損害賠償責任／98
　　3　使用者責任／99
　　4　工作物責任／101
　　5　債務不履行による損害賠償責任（債務不履行責任）／105
　　6　製造物責任／109
　　7　「火災をめぐる法律責任の諸相」に関する受講学生のリポート／
　　　　114

むすび／120
【参考・引用文献】／121
【索引】／122

〔表紙写真／ホテル・ニュージャパン火災〕
・昭和57年2月8日㈪午前3時すぎごろ
・東京都千代田区永田町

ことわざ「地震、雷、火事、親父」の防災上の意義

わが国の歴史の中で火がはじめて使用されたのは、旧石器時代の紀元前1万年以前のころといわれています。人間が火を発見し、これを利用したり、支配することを知ってから、人間の生活は飛躍的に進歩し、今日の文明社会を築いた大きな原動力となっています。

かのドイツの大詩人ゲーテも「火は、これを守って有効に利用すれば、恵み深い力である。」といっているように、たしかに火は人間の生活を豊かにしてきました。しかし、このような恵み深い火であっても、その扱い方を誤ると火災を起こし、尊い生命が奪われたり、営々として築きあげた財産や金銭に代え難い思い出の貴重な品々などを一瞬のうちに灰燼と化してしまうような恐ろしい魔力を秘めているのです。西洋のことわざが「火は良い召使い（使用人）であるが、悪い主人（使用主）でもある。」といっているのは、この火のもつ二面性をいみじくも言い当てているように思われます。

ところで、みなさんは、火災などはわれわれには関係がないことのように思っているでしょうが、そこに可燃物があり、煙草の火、電気、ガス等の火気や火源があれば、原理的には燃焼の可能性が生じ、しかも、火災に至るような燃焼現象はその殆どが過失によって発生するものなのです。

ところが、私どもの日常生活の場で、火気や可燃物とまったく無縁に過ごすことなどできません。

このように考えてくると、火災の危険というものは、常に私どもの身近な問題として認識しておく必要があるように思います。

防災に関する日本の代表的なことわざとして「地震、雷、火事、親父」というのがありますが、みなさんは、このことわざの意味をどのように考えているでしょうか。市販されている「ことわざ事典」をみてみますと、その殆どが、世の中のこわいものについて、こわさの順に並べたものというような意味の解説がなされています。

しかし、単にこのような意味だけのものなのでしょうか。私には大いに

疑問に思えるのです。何故かといいますと、ことわざというものは、その属性（そのものがもっている性質）として、その中に人生における教訓事項が含まれていなければなりませんが、このような解説では何ひとつ教訓的内容が示されていないからです。地震とか雷というのは、自然災害、つまり天災ですから、私どもがいかに注意し、努力してもこれを防ぐことができない、いわば不可抗力的な災害です。したがって、このような災害に遭った場合には、誰を恨むわけにもいきませんから、諦めもつきます。これに対し、火災とか親父の小言（もっとも今どきの父親の中には、こどもがおそれるほどの権威をもった方が少なくなっているように思われますが……）などは、殆ど過失あるいは配慮不足（不手際）などの人為的な原因によって引き起こされるものです。

　したがって、これらの殆どは注意すれば防ぐことができる性格のもので、それだけに悔いが残ることになります。

　このようなことから、このことわざの意図は、地震や雷などの天災の場合は別として、火災などの災害は、その殆どは過失によって発生するものであるから、ちょっとした注意をおろそかにして火災などを引き起こさないようお互いに気をつけましょう。そして、悔いのない人生を送りましょうという戒めの言葉であると私は思うのです。

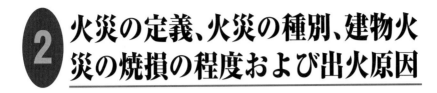

2 火災の定義、火災の種別、建物火災の焼損の程度および出火原因

火災と法律責任の問題に入る前に、参考までに、火災とは何か、火災にはどのような種別があるか、建物火災の焼損程度にはどのような区分があるか、そして、出火の原因はどのようになっているかなどについて触れておきたいと思います。

1 火災の定義（火災とは何か）

「火災」という言葉は、消防法などの法令にでてくる法令上の用語で、いわば正式名称ですが、これに対して「火事」という言葉はいわば俗称なのです。

ところで、消防法などの法令には、火災とは何かについて定義規定が置かれていませんが、火災報告取扱要領（平成6年4月21日消防災第100号消防庁長官通知）は、火災について実務上次のように定義しています。すなわち、「火災」とは、①人の意図に反して発生し、もしくは拡大し、または放火により発生して消火の必要がある燃焼現象であって、これを消火するために消火施設またはこれと同程度の効果のあるものの利用を必要とするもののほか、②人の意図に反して発生し、または拡大した爆発現象も含まれるとしています。ここにいう「爆発現象」というのは、化学的変化による燃焼の一つの形態であり、急速に進行する化学反応によって多量のガスと熱を発生し、爆鳴、火炎および破壊作用を伴う現象のことであるとされています。

なお、この火災の定義は、あくまでも消防行政上（実務上）の定義であって、学問上の定義ではありません。また、爆発現象が現実に火災に含まれるものとして運用されるようになったのは、平成7年1月1日以降のこととされています。

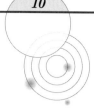

2 火災の種別

火災は、次のような種別に区分されています。
　㋐　建物火災
　　「建物火災」とは、建物またはその収容物が焼損した火災のことです。
　㋑　林野火災
　　「林野火災」とは、森林、原野（野原）または牧野（家畜放牧用土地等）が焼損した火災のことです。
　㋒　車両火災
　　「車両火災」とは、自動車車両、鉄道車両および被けん引車またはこれらの積載物が焼損した火災のことです。
　㋓　船舶火災
　　「船舶火災」とは、船舶またはその積載物が焼損した火災のことです。
　㋔　航空機火災
　　「航空機火災」とは、航空機またはその積載物が焼損した火災のことです。
　㋕　その他の火災
　　「その他の火災」とは、建物火災、林野火災、車両火災、船舶火災および航空機火災以外の火災（空地、田畑、道路、河川敷、ごみ集積場、屋外物品集積場、軌道敷、電柱類などの火災）のことです。

3 建物火災の焼損の程度

建物火災の焼損の程度は、全焼、半焼、部分焼および小火に区分されます。建物（収容物は含まれない）の総評価額に対し、焼損した損害額の占

める割合が70パーセント以上の場合を「全焼」、20パーセント以上70パーセント未満の場合を「半焼」、20パーセント未満で小火以外の場合を「部分焼」、10パーセント未満で焼損した床面積が１平方メートル未満の場合または建物の収容物のみが焼損した場合を「小火」といいます。

4 出火原因

　令和２年版の「消防白書」によると、令和元年中の出火件数３万7,683件のうち、失火（過失）による火災は全体の73.5パーセントを占め、その多くは火気の取扱いの不注意・不始末から発生しているとされています。

　出火原因別にみますと、①「たばこ」が3,581件と最も多く、次いで②「たき火」が2,930件、③「こんろ」が2,918件となっています（出火原因のワースト３）。

　㋐　「たばこ」による火災

　　令和元年中のたばこによる火災は、3,581件で全火災件数の9.5パーセントを占めていますが、主な出火状況をみますと、不適当な場所への放置によるものが2,194件と半数以上を占めていることになります。

　㋑　「たき火」による火災

　　たき火による火災は、2,930件で全火災件数の7.8パーセントを占めていますが、例年、年明けから春先にかけて、たき火が原因となる火災が発生しています。空気が乾燥した風の強い日のたき火など火の取り扱いに対する不注意が原因となっています。

　㋒　「こんろ」による火災

　　こんろによる火災は、2,918件で全火災件数の7.7パーセントを占めていますが、こんろの種類別では、ガスこんろによる火災が最も多く、大半を占めています。主な出火状況をみると、多くが消し忘れによるものとなっています。

　㋓　「放火」及び「放火の疑い」による火災

　　放火による出火件数は2,757件と前年に比べ減少しているものの、

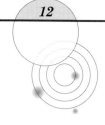

全火災件数の7.3パーセントを占め、これに放火の疑いを加えると4,567件となり、全火災件数の12.1パーセントを占めることになります。放火および放火の疑いによる火災の発生源については、ライターによるものが最も多く全体の28.4パーセントを占めています。

㈲　その他の出火原因と火災件数

　　令和元年中における4位以下10位までの出火原因と火災件数は、次のとおりです。

④放火（2,757件）

⑤放火の疑い（1,810件）

⑥火入れ（1,758件）

⑦電気機器（1,633件）

⑧電灯電話等の配線（1,576件）

⑨配線器具（1,352件）

⑩ストーブ（1,144件）

火災等に関連する消防法令上の義務と法的責任

前2において消防行政上の火災の定義等について説明しましたので、ここでは、このような火災に関連し、みなさんに消防法令上どのような義務が課され、どのような法的責任が負わされているかについて、説明したいと思いますが、その前に予備知識として消防法令上の義務と法的責任の意味について簡単に触れておきましょう。

「消防法令上の義務」というのは、消防目的を達成するために、消防法令によって一定の行為をするよう、あるいはしないよう意思の拘束を受けることをいい、また、「消防法令上の法的責任」とは、消防法令上の義務を怠ったことによって負わされる制裁、つまり義務違反として処罰を受けることなのです。

1 住宅用防災機器の設置義務と法的責任

 ア　住宅用防災機器の設置・維持義務

住宅火災において、火災の感知がおくれたことにより、有効な避難ができず、死傷者が発生するという傷ましい被害が年々増加しています。

そのため、消防法は、これらの被害を防止し、居住者の安全を図るための措置として、一戸建て住宅、併用住宅、共同住宅等の関係者に対し、市町村条例に定める基準に従って住宅用防災機器を設置し、維持することを義務づけています（消防法第9条の2）。

ただし、建物の一部が住宅の用途以外に使用されている場合、例えば、併用住宅において、その一部が物品販売店舗等住居以外の用途として使用されている場合は、その部分に住宅用防災機器を設置することが免除されています。

「関係者」とは、住宅の所有者、管理者または占有者のことですが、賃

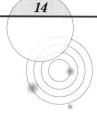

　貸借契約によって入居している共同住宅などの場合、誰が設置義務を負う
かについては、一般に契約の内容あるいは所有者と占有者（賃借人）との
間の合意によって決定されることになります。

　住宅用防災機器には、住宅用防災警報器（商品名「住宅用火災警報器」）
と住宅用防災報知設備がありますが、「住宅用防災警報器」とは、住宅に
おける火災の発生を未然にまたは早期に感知し、報知する警報器をいい、
「住宅用防災報知設備」とは、住宅における火災の発生を未然にまたは早
期に感知し、報知する火災報知設備のことです。

㋐　住宅用防災機器の設置場所と設置方法

　住宅用火災警報器または住宅用防災報知設備の感知器の設置場所や設置
方法については技術的問題もありますので、所轄消防本部または消防署等
の指導を受けながら自らまたは設備業者に依頼して設置するのがよいでし
ょう。

㋑　住宅用防災機器の設置免除

　住宅用火災警報器または住宅用防災報知設備の感知器の設置が義務づけ
られている住宅の部分に自動火災報知設備や一定のスプリンクラー設備を
技術上の基準に従って設置したときは、その設備の有効範囲内の部分につ
いて住宅用火災警報器等の設置が免除されています。

イ　住宅用防災機器の設置・維持義務違反と法的責任

　住宅用防災機器の設置・維持義務を定めた市町村条例は、その義務に違
反した者に対し特に罰則を設けていません。したがって住宅の関係者が住
宅用防災機器の設置・維持を怠ったとしても、法的責任（刑事責任）とし
て処罰を受けることはありません。

　しかし、住宅用防災機器の設置・維持義務は、住宅に火災が発生した場
合に、逃げおくれによる死傷の危険を防止し、居住者の安心・安全な生活
を保護するために課されたものですから、その趣旨を踏まえ、積極的にこ
れらの義務を履行されることが望まれます。

たき火・喫煙禁止区域における火気の制限（消防法第23条）

　消防法第23条の規定によれば、「市町村長は、火災の警戒上特に必要があると認めるときは、期間を限つて、一定の区域内におけるたき火又は喫煙の制限をすることができる。」と定められており、「火災の警戒上特に必要がある」というのは、一定の地域が特に火災を発生しやすい状態にある場合とか火災が発生したときに延焼拡大や多数の人々への損傷の危険が予想される状態にある場合を指します。

　たとえば、博覧会や神社・寺院などの祭礼等に際して多数の者が参集するような場合、道路工事等のため消防自動車が進入できない場合、断水等により水利が使用できない場合またはガス漏れにより火気を使用することによって爆発の危険がある場合などがこれにあたります。そして、このような状態にある場合には、市町村長によって一定の期間、たき火・喫煙の制限措置がとられることになりますが、「たき火」というのは、火を使用するための本来の設備や器具を用いないで火を焚く形態一般を指しますから、このような形態で火を焚く限り、その目的のいかんを問わず、いずれも「たき火」に該当することになります。

　また、「制限」の手段としては、通常、禁止の措置がとられています。

　たき火・喫煙の禁止区域の指定は、市町村の公報への掲載や指定区域への立札等の掲示よって公示されます。そうすると、みなさんには、その区域内において、所定の期間中たき火や喫煙を行ってはならないという消防法上の義務が生じ、その義務に違反してたき火や喫煙をすれば、消防法上の法的責任として罰則の適用を受け、30万円以下の罰金または拘留（1日以上30日未満の期間、拘留所（通常は、警察の留置場）に拘束される。）の対象となります（消防法第44条第18号）。

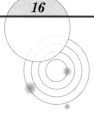

3 劇場・百貨店等の客席・売場等における喫煙・裸火等の制限(火災予防条例(例)第23条)

火災予防条例(例)第23条本文の規定によれば、「次に掲げる場所で、消防長(消防署長)が指定する場所においては、喫煙し、若しくは裸火を使用し、又は当該場所に火災予防上危険な物品を持ち込んではならない。」と定められています。

(ア) 劇場、映画館、演芸場、観覧場、公会堂もしくは集会場の舞台または客席

(イ) 百貨店、マーケットその他の物品販売業を営む店舗または展示場の売場または展示部分

(ウ) 文化財保護法の規定によって重要文化財、重要有形民俗文化財、史跡もしくは重要な文化財として指定され、または旧重要美術品等の保存に関する法律の規定によって重要美術品として認定された建造物の内部または周囲

(エ) (ア)および(イ)以外で、火災が発生した場合に人命に危険を生ずるおそれのある場所

この喫煙・裸火等の規制は、百貨店、劇場等で火災が発生した場合、特に延焼拡大危険と人命危険が大きいことから、主として、公衆の出入する場所における喫煙・裸火等の行為を禁止し、火災の延焼拡大の防止と人命の安全を図ったものとされています。

ここにいう「裸火」とは、基本的には、酸化反応を伴う、赤熱部またはこれから発する炎が外部に露出している火を予想したものとされています。たとえば、露出してアークや火花を発するもの、赤熱したニクロム線等が露出しているものなどがこれに含まれます。また、「火災予防上危険な物品」には、消防法別表第1に掲げる危険物のほか、一般高圧ガス、火薬類、玩具用煙火などが含まれます。

ところで、これらの場所では、みなさんは、喫煙や裸火の使用等をしてはならないという火災予防条例上の義務が課せられていますが、東京都の

火災予防条例の場合、この義務に違反して喫煙や裸火の使用等を行ったときは、条例上の法的責任として処罰の対象となります。

なお、裸火の使用や危険物品の持込みを行うことによって生じる危険の排除措置を講じ、消防長（消防署長）の承認（許可）を得た場合は、これらの行為を行うことが許されます。

 たき火の禁止・制限（火災予防条例（例）第25条）

火災予防条例（例）第25条の規定によれば、「可燃性の物品その他の可燃物の近くにおいては、たき火をしてはならない。」と定められ、また「たき火をする場合においては、消火準備その他火災予防上必要な措置を講じなければならない。」と定められています。

この規定は、平常時において、たき火をする場合の場所的な制約とたき火の方法に一定の制約を加えたものです。

この規定により、みなさんは、火災予防条例上、可燃物の近くでたき火をしてはならない義務と可燃物から離れたところでたき火をする場合の消火準備等の義務が課せられています。

このように、みなさんは、平常時においてたき火をする場合にも火災予防条例上の制約を受けることになるのですが、これらの制約に違反しても同条例上の法的責任として罰則の適用を受けることはありません。同条例のこれらの制約はいわば道義的制約にすぎないからです。

しかし、相当の注意、つまり通常人に一般的に期待される程度の注意を怠って、建物や可燃物の近くでたき火をしたときは、別途、軽犯罪法上の法的責任として拘留（1日以上30日未満の期間拘留場に拘置）または科料（1,000円以上、10,000円未満）の対象となり（同法第1条第9号）、これに関連する裁判例としては、周囲に建物が建ち並んでいる公園内の遊歩道で、消火用水の準備等の措置を講じないで、付近にあった紙や木屑等をかき集めてたき火をしたことについて、軽犯罪法違反として処罰された事例があります。

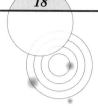

5 火災警報発令中における火の使用の制限（消防法第22条第４項）

　火災に関する警報（火災警報）は、市町村長が都道府県知事から火災予防上危険な気象状況にあるとの通報を受けたとき、または自らの判断で気象の状況が火災予防上危険であると認めるときに、市町村長の権限で発することができるのですが（消防法第22条第３項）、この火災警報が発令されたときは、警報が解除されるまでの間、その市町村の区域内にある者は、市町村条例で定める火の使用の制限に従わなければならないことになっています（同条第４項）。

　湿度が低く（空気が乾燥し）、風が強いという気象状況にあるときは、火災が発生しやすく、また、一旦火災が発生すると、延焼・拡大する可能性が高いことから、火の使用を厳しく制限し、火災を未然に防止しようとする趣旨なのです。

　火の使用の制限は、具体的には、それぞれの市町村の火災予防条例で定められるのですが、その内容は、おおむね次のようになっています。

(ア)　山林、原野等において火入れをしないこと。「火入れ」とは、一定区域内の草木などを焼却する行為を指します。

(イ)　煙火を消費しないこと。「煙火」には、花火のほかに玩具用花火も含まれます。

(ウ)　屋外において火遊びまたはたき火をしないこと。

(エ)　屋外においては、引火性または爆発性の物品その他の可燃物の附近で喫煙をしないこと。「引火性の物品」とは、ガソリンなどのように点火源により発炎燃焼をおこす蒸気を発するものをいい、「爆発性の物品」とは、火薬類などのように燃焼速度が極めて速く、瞬時に燃焼するものをいいます。

(オ)　山林、原野等の場所で、火災が発生するおそれが大であると認めて市（町・村）長が指定した区域内において喫煙をしないこと。

(カ)　残火（たばこの吸殻を含む。）、取灰または火粉を始末すること。

㋖　屋内において裸火を使用するときは、窓、出入口を閉じて行うこと。

6　火災を発見した者の通報義務（消防法第24条第1項）

　消防法は、「火災を発見した者は、遅滞なくこれを消防署又は市町村の指定した場所に通報しなければならない。」と定め（第24条第1項）、火災を発見した者に通報義務を課し、さらに、「すべての人は、この通報が最も迅速に到達するように協力しなければならない。」と定め（同条第2項）、火災通報の迅速な到達について協力義務を課しています。

　この趣旨は、火災が発生した場合、その被害を最小限度に食い止めるためには、消防機関が一刻も早く火災の発生を覚知し、初期の段階で消火することが必要とされるからなのです。

　「火災を発見した者」とは、消防機関が火災発生の事実を知って、消防車が出動する前に火災を目撃した者のことであり、必ずしも火災の最初の目撃者であることを必要としません。したがって、同一の火災について複数の発見者、つまり複数の通報義務者が存在することもあり得ます。すなわち、火災の火元の者のほか、近隣の者、通行人その他火災を発見した者であれば誰でも通報義務を負うことになるのです。「市町村長の指定した場所」とは、市町村長が公示その他の方法により指定した消防署の出張所、消防団本部、消防団の詰所、警察署、警察官派出所等の場所をいいます。

　通報については、その方法のいかんを問いませんが、一般加入電話や携帯電話、スマホ等による通報（局番なしの１１９番）のほか、いわゆる駆け込み通報などがあります。「通報の協力」とは、たとえば、電話の加入者が、火災の通報を行うとする者に対して電話の使用につき便宜を与えたり、自ら電話連絡にあたることなどをいいます。

　以上、火災を発見した者の通報義務等について触れましたが、これらの義務を怠った場合でも特に処罰されるようなことはありません。それは、

これらの義務が、いわば道徳的義務としての性格をもち、火災発見者等の自主的な履行や協力を期待したものであり、そうであれば、その性質上、罰則をもってのぞむには適さないからなのです。それに、仮に罰則を設けたとしても、現実の問題として、火災の発見者で通報等を怠った者を特定することは、極めて困難なことと思われます。

　しかし、故なく火災発生の虚偽の通報をした者は、虚偽通報罪（消防法第44条第20号）として消防法上の法的責任を問われ、30万円以下の罰金または拘留の対象となります。「虚偽の通報」とは、自分の認識したことと違うことを通報すること、例えば、火災が発生していないのに火災があったとして通報することや火災とはいえないことを認識していながら、その認識に反してあえて火災として通報するような場合がこれにあたります。したがって、自分が認識したことをそのまま（認識どおりに）通報すること、例えば、たき火の煙を火災と勘違いして火災があったとして通報することは、虚偽の通報にはあたりません。

　なお、この虚偽通報罪は、同時に、虚偽の災害事実等を公務員に申告したという軽犯罪法違反（第1条第16号）にも該当しますが、同罪は、消防法上の虚偽通報罪に吸収され、虚偽通報罪一罪として処罰の対象となります。

7　火災警戒区域内での火気の使用禁止・制限等（消防法第23条の2第1項）

ア　火災警戒区域内での火気の使用・制限

　ガスや危険物の漏れ、飛散、流出等の事故が発生した場合に、その事故により火災が発生するおそれが著しく大で、かつ、火災が発生したならば爆発等の危険があり、人命や財産に著しい被害を与えるおそれがあると認められるときは、消防長や消防署長は、火災が発生する以前の段階で、火災警戒区域を設け、その区域内での火気の使用を禁止するほか、特定のもの以外の者に対し、その区域からの退去を命じたり、区域への出入りの禁

止や制限をすることができることになっています（消防法第23条の2第1項）。

「火災警戒区域」とは、火災の発生を防止し、人命や財産に対する危険を未然に排除するため、火気の使用を禁止したり、特定の者以外の者の退去や出入りの禁止・制限を行う必要のある区域をいいます。「火気」には、たき火などのほか、ガス湯沸設備などの火を使用する設備やストーブ、こんろ、電熱器などの火を使用する器具が含まれます。

「禁止」とは、全面的に（無条件で）火気の使用や火災警戒区域への出入りを差し止めることをいい、「制限」とは、条件つきでこれらの行為を差し止めることをいいます。

「特定の者」とは、①火災警戒区域内にある建物等や船舶の関係者（所有者、管理者または占有者）、②事故が発生した建物等や船舶の勤務者で、その事故の応急作業に関係があるもの、③電気、ガス、水道等の業務に従事する者で、その事故の応急作業に関係があるもの、④医師、看護師等で、救護に従事しようとする者、⑤法令の定めるところにより、消火、救護、応急作業等の業務に従事する者、⑥消防長または消防署長が特に必要と認める者を指します（消防法施行規則第45条第1項）。

火災警戒区域を設ける場合は、ロープ等によって明示されます。

火災警戒区域が設けられると、この区域内では火気を使用してはならないという義務が生じるほか、特定の者以外の者は、消防長・消防署長の区域からの退去命令や区域への出入り禁止・制限措置に従う義務を負うことになります。

イ　火災警戒区域内での火気の使用等に違反した者の法的責任

火災警戒区域内での火気の使用禁止、同区域からの退去命令または同区域内への出入の禁止や制限に故意に従わなかった者は、誰しもが消防法上の法的責任として、30万円以下の罰金または拘留の対象となります（消防法第44条第19号）。

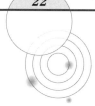

8 火災の現場に向かう消防車に道路を譲らなければならない義務（消防法第26条第１項）

ア 消防車の優先通行権

　火災が発生した場合には、消防車を一刻も早く火災の現場に急行させて消火にあたり、早期に火災を鎮圧するという公益（公共の利益）上の必要性から、消防法は、「消防車が火災の現場に赴くときは、車馬及び歩行者はこれに道路を譲らなければならない。」と定め（消防法第26条第１項）、火災の現場に向かう消防車に対し、通行上の特権として優先通行権を認めています。このため、車馬および歩行者は、火災の現場に向かう消防車に道路を譲らなければならないという消防法上の義務を負うことになります。

　「消防車」とは、消防自動車（消防ポンプ自動車、化学消防自動車、指令車、無線車、照明車等）のほか、消防のために使用するすべての車両をいい、緊急自動車としての消防自動車のほか、サイレンや鐘を鳴らさず、または警光灯や赤色燈をつけずに火災現場に急行する車両も消防車に含まれます。また、消防車優先通行権の趣旨から、自衛消防組織等の化学消防自動車など事業所等が自主的に装備する消防自動車なども消防車に該当すると解されています。「車馬」には、自動車、原動機付き自転車、トロリーバスおよび路面電車のほか、軽車両としての自転車、荷車、その他人もしくは動物の力により、または他の車両に牽引され、かつ、レールによらないで運転する車（身体障害者用の車いす、歩行補助車、ショッピング・カートおよび小児用の車を除く。）が含まれます（道路交通法第２条第１項第８号〜第12号）。

イ 火災の現場に向う消防車に道路を譲らなかった場合の法的責任

　自動車の運転者や歩行者等が、火災現場に急行する消防車に道路を譲ら

なければならないという義務に違反し、消防車の通過を故意に妨害した場合には、消防法上の法的責任として、２年以下の懲役または100万円以下の罰金の対象となり、情状により懲役刑と罰金刑が併科されることがあります（消防法第40条第１項第１号、第２項）。

消防車通過妨害罪の刑が比較的重いのは、消防車の通過を妨害することが火災現場への早期到着と火災の早期鎮圧という公益（公共の利益）を阻害する反社会的行為とみなされるからなのです。

消防車通過妨害罪は、自動車の運転者や歩行者などが消防車の通過を故意に妨害したことによって成立するものですから、過失によって消防車を妨害した場合には犯罪として成立しないことになります。「故意」とは、火災現場に向う消防車であること、あるいは消防車らしきことを認識しただけで足り、火災の内容や消防車を妨害すれば違法となることまで認識する必要はないのです。「消防車の通過を妨害した」とは、消防車の通過を現実に不可能にした場合だけでなく、通過を不可能または困難にするような状態（おそれ）を生じさせた場合も妨害に該当し、その方法のいかんを問わないと解されています。例えば、故意に道路上に自動車を停車させて消防車の通過を妨げたりするのはこれにあたります。

　9 **消防隊の緊急通行を受忍する（耐え忍んで受け容れる）義務（消防法第27条）**

ア　消防隊の緊急通行権

消防法第27条の規定によれば、「消防隊は、火災の現場に到着するために緊急の必要があるときは、一般交通の用に供しない通路若しくは公共の用に供しない空地及び水面を通行することができる。」と定め、消防隊に緊急通行権を与えています。この権限は、火災現場への早期到着と火災の早期鎮圧という公益（公共の利益）目的を実現するために認められた権限なのです。

「消防隊」とは、消防器具を装備した消防吏員や消防団員の一隊または

都道府県の航空消防隊をいい（消防法第2条第8号）、「緊急の必要がある
とき」とは、一般の道路上に障害物等があり通行不能または困難な状態に
ある場合や火災現場の状況から、わずかな到着時間の差により公共の安全
上重大な結果が予測され、一刻も早く火災現場に到着して消防活動を行う
必要がある場合と解されています。

　「一般交通の用に供しない通路」には、個人の専用通路（私道）や車馬
の通行が禁止されている通路などが含まれます。また、「公共の用に供し
ない空き地」には、「たまたま空地となっている私有地など通行してもさ
ほど支障とならないと認められる土地などが含まれ、「公共の用に供しな
い水面」には、私有の池、泉、沼などが含まれます。

イ　消防隊の緊急通行を受忍する義務

　消防隊は、緊急通行権により、一般の道路として使用されていない私道
や私有の空地などを、その所有者等の承諾を得ることなく、一方的に通行
することができ、所有者等は、消防法上これを受忍する義務を負うことに
なります。もし、所有者等がこの義務に違反して消防隊の通行を拒否した
としても、消防隊はこれを排除して通行を強行することができるのです。
このように、緊急時において、公益目的を実現するために、相手方の抵抗
を排除して一定の権限を強行することができることを「実力の行使」とい
いますが、このような実力行使は、消防の世界では消防活動の分野におい
てのみ認められています。ちなみに、消防隊の緊急通行のほか、実力行使
が認められている権限としては、消火活動（消防法第29条第1項）、いわ
ゆる破壊消防（同法第29条第1項ないし第3項）、消防水利の緊急使用
（同法第30条第1項）などがあります。

ウ　消防隊の緊急通行と損失補償

　消防隊の緊急通行によって、私道や私有の空地などの所有者等の私有財
産に多少の制限を加えることがあるとしても、それは、火災現場の早期到
着によって火災の早期鎮圧という公益上の必要性に基づいて行われるもの
であるから、所有者等が受忍すべき範囲内の制限として許されるものと解

されています。このため、消防隊の緊急通行を定めた消防法第27条には、損失補償の規定が設けられていないのです。

 10 消防警戒区域からの退去命令や同区域への出入りの禁止・制限（消防法第28条第1項）

ア　消防警戒区域への出入りの禁止等

　消防法は、「火災の現場においては、消防吏員又は消防団員は、消防警戒区域を設定して、特定の者以外の者に対してその区域からの退去を命じ、又はその区域への出入を禁止若しくは制限することができる。」と定めています。これらの規制は、火災が発生した際に、火災現場での人の生命や身体に対する危険の防止と消火活動や火災の調査活動を円滑、かつ、十分に行うことができるよう設けられるものです。

　「消防警戒区域」とは、火災の際に、人の生命や身体に対する危険を防止し、消火活動や火災調査を円滑・十分に行うため、特定の者以外の者の立入りの禁止や制限を行う必要のある区域をいい、この区域に立入りできる「特定の者」とは、次に掲げる者を指します。

- (ｱ)　消防警戒区域内にある建物等また船舶の関係者（所有者、管理者または賃借人等の占有者）、居住者およびその親族でこれらに対して救援をしようとする者
- (ｲ)　消防警戒区域内にある建物等または船舶の勤務者
- (ｳ)　電気、ガス、水道、通信、交通等の業務に従事する者で、消防作業に関係がある者
- (ｴ)　医師、看護師等で、救護に従事しようとする者
- (ｵ)　法令の定めるところにより、消火、救護等の業務に従事する者
- (ｶ)　報道に関する業務に従事する者
- (ｷ)　消防長または消防署長からあらかじめ発行する立入許可の証票を有する者

　「立入りの禁止」とは、区域への出入りを全面的に（無条件で）差し止

めることをいい、「出入りの制限」とは、限定的な禁止、つまり区域内への出入りを一定の条件のもとに差し止めることをいいます。

　消防警戒区域を設ける場合は、ロープ等により明示され、火災現場での人の生命や身体に対する危険がなくなり、必要な消火活動や火災の調査が終了するまで存続します。

イ　消防警戒区域からの退去命令や同区域への出入禁止等に違反した場合の法的責任

　消防警戒区域からの退去命令や同区域への立入禁止・制限に故意に従わなかった者は、誰しも消防法上の法的責任として、30万円以下の罰金または拘留の対象となります（消防法第44条第21号）。

11　出火建物の関係者等の消火・延焼防止等の義務（消防法第25条第1項）

ア　出火建物の関係者等の応急消火義務

　消防法は、「火災が発生したときは、その建物等の関係者（所有者、管理者または賃貸人等の占有者）のほか、①火災を発生させた者、②火災の発生に直接関係がある者、③火災が発生した建物等の居住者又は勤務者で火災の現場に居合わせた者は、消防隊が火災の現場に到着するまで消火若しくは延焼の防止又は人命の救助を行わなければならない。」と定め（消防法第25条第1項、消防法施行規則第46条）」、出火建物の関係者等に対し、応急消火義務を課していますが、消防法上このような義務を負っている者のことを「応急消火義務者」といいます。ただし、傷病、障害その他の事由により、消火、延焼の防止または人命の救助を行うことができない者は除かれます。「火災を発生させた者」は、その原因が故意であると過失であるとを問いません。「火災の発生に直接関係のある者」とは、火災を発生させた者を除き、火災の発生と直接因果関係を有する者を指し、また、「火災が発生した建物等の勤務者」とは、事業主との雇用契約によ

り、その建物中の事業所において一定の職務に従事している者を指し、たまたま何らかの用事でその事業所に居合わせた者は含まれないとされています。

　応急消火義務は、火災が発生してから消防隊が火災現場に到着するまでの間において限定的に生ずるものです。したがって、消防隊が火災現場に到着したのちは、消防吏員等から引き続いて消防作業に従事するよう要求がなされない限り免除されます。

イ　応急消火義務に違反した場合等の法的責任

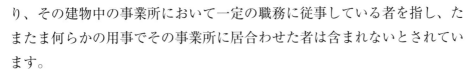

　出火建物等の関係者等に課された応急消火義務は、道徳（義）的義務の性質をもっています。したがって、その義務違反に対しては、直接罰則が用意されていません。一方、応急消火義務者の行う消火・延焼防止等の行為を妨害した者は、消防法上の法的責任として罰則の適用を受け、2年以下の懲役または100万円以下の罰金の対象となり、情状により懲役刑と罰金刑が併科されることがあります（消防法第40条第1項第3号、第2項）。「妨害した」とは、暴行または脅迫以外の方法で応急消火義務者の消火活動等を困難にさせるような行為を指し、現実に消火活動等を不可能にすることを必要としません。応急消火義務者の消火活動等妨害罪の刑が比較的重いのは、その行為の反社会的悪質性によるのです。

ウ　応急消火義務者に対する災害補償

　応急消火義務者が、消火や延焼防止等に従事する過程において、死傷、疾病（病気）等の結果が生じても、原則として、市町村からの災害補償はありません。これは、応急消火義務者は出火建物とのかかわりが深く、消火や延焼防止等の消防作業に従事するのは、当事者として当然のことであり、したがって、その過程において死傷等の結果（災害）が生じたとしても、市町村は、その補償責任を負う理由がないということなのです。ただし、マンションや雑居ビルの専用部分（廊下、階段、エレベーター等の共用部分を除いたすべての居室や店舗、事務所など）に火災が発生した場合に、応急消火義務者（出火した専用部分の所有者、管理者、占有者、居住

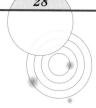

者および勤務者ならびに火災を発生させた者および火災の発生に直接関係がある者などは除かれます。―消防法施行規則第52条第1項等）が消火、延焼の防止または人命の救助に従事することによって死傷または疾病（病気）等の結果が生じたときは、本人または遺族は、災害補償の適用を受けることができることになっています（消防法第36条の3第2項）。

12 火災現場付近にある者の消火、延焼防止等の協力義務（消防法第25条第2項）

ア　火災現場付近にある者の応急消火協力義務

　消防法は、「火災が発生したときは、火災の現場附近に在る者は、消防隊が火災の現場に到着するまで応急消火義務者の行う消火若しくは延焼の防止又は人命の救助に協力しなければならない。」と定め（消防法第25条第2項）、火災の現場付近にある者に対し、応急消火協力義務を課していますが、消防法上このような義務を負っている者のことを「応急消火協力義務者」といいます。

　「火災の現場附近に在る者」とは、火災の現場付近に居住していると否とにかかわらず、火災発生の際に現場付近に居合わせた者で、応急消火義務者以外の者のことです。たとえば、火災の現場付近を通行していた人などがこれに該当します。

　応急消火協力義務の履行として「協力」があったといえるためには、その行為が協力の意思を持って行われることが必要です。したがって、表面的には協力とみられる行為であっても、たとえば、他人の財産を窃取（他人の財産などを盗み取ること）する目的で行われた行為（いわゆる火事場泥棒が財産を火災の現場から持ち出し、結果的に延焼防止に役立ったような場合など）は、協力とはいえないのです。

イ　応急消火協力義務に違反した場合等の法的責任

　応急消火協力義務は、出火建物の関係者や火災を発生させた者などの応

急消火義務と同様に、いやそれ以上に道徳（義）的義務としての色彩が強く、したがって、その協力義務に違反しても罰則の適用がなく、法的責任を問われることはありません。一方、応急消火協力義務者の行う消火・延焼防止等の行為を妨害した者は、消防法上の法的責任として罰則の適用を受け、２年以下の懲役または100万円以下の罰金の対象となり、情状により懲役刑と罰金刑が併科されることがあります（消防法第40条第１項第３号、第２項）。「妨害」の意味および応急消火協力義務者の消火活動等妨害罪の刑が比較的重い理由については、応急消火義務者の消火活動等妨害罪の場合と同様です。

ウ　応急消火協力義務者に対する災害補償

応急消火協力義務者が、消火や延焼防止等に従事する過程において、死傷、疾病（病気）等の結果が生じたときは、市町村から損害の補償があります（消防法第36条の３第１項）。これは、出火建物とかかわりのない第三者（協力者）の受けた損害に対し、市町村の結果責任に基づく損害の賠償として行われるものなのです。

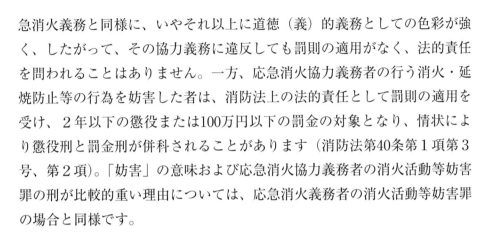

13　火災時における出火建物等の関係者等の情報提供義務（消防法第25条第３項）

ア　消防吏員等の情報提供要求権

消防吏員（消防官）または消防団員は、火災の現場において、①出火建物の関係者（所有者、管理者または賃借人等の占有者）、②火災を発生させた者、③火災の発生に直接関係がある者、④出火建物の居住者または勤務者、⑤延焼のおそれのある建物の関係者、居住者または勤務者に対し、その建物の構造、救助を要する者の存否その他消火もしくは延焼の防止または人命の救助のために必要な事項について情報の提供を求めることができます（消防法第25条第３項、消防法施行規則第47条）。

消防吏員等のこのような権限を情報提供要求権といい、火災現場におけ

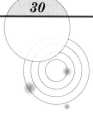

る重要な権限の一つとされています。

　消防吏員等が要求することができる情報のうち、「建物の構造」とは、火災が発生した建物の出入口、階段の位置、防火戸の有無、間取りのあらましなどを指し、「救助を要する者の存否」とは、出火した建物または延焼のおそれのある建物の内部に人々がいるかどうか、あるいはこれらの建物から脱出した者のうち、負傷者などがいるか否かを指します。また、「その他消火若しくは延焼の防止又は人命の救助のため必要な事項」とは、火災が発生した建物の出火箇所、出火時間、消火器の種類や個数とその所在場所、屋内消火栓の種類や位置、連結送水管の位置、その他消火設備や排煙設備の有無やその操作位置、防火戸の開閉状況、避難器具の有無やその所在場所、各種の鍵の所在場所、危険物等の有無とその所在場所、放送設備の有無やその所在場所および操作方法などがあげられます。なお、「建物の構造」や「延焼の防止又は人命の救助のため必要な事項」に関する情報については、出火建物の場合のほか、延焼のおそれのある建物の場合にもあてはまります。

イ　消防吏員等に情報提供要求権が付与された理由

　消防吏員や消防団員に情報提供要求権が付与された理由は、消防隊が火災現場に到着したのち、迅速、かつ、適確な人命の救助や消火活動を行うためには、まず、救助を要する者の存否や場所、出火建物の構造や危険物の存否などについて正確な情報をすみやかに入手する必要があるからなのです。

ウ　情報提供の拒否等と法的責任

　消防吏員または消防団員から情報の提供を求められた者は、これに応答する義務を負い、正当な理由なく情報の提供を拒否した場合または虚偽の情報を提供した場合は、その法的責任として6ケ月以下の懲役または50万円以下の罰金の対象となります（消防法第42条第1項第11号）。したがって、消防吏員等の情報提供要求権には強制力があることになります。

　なお、出火建物の関係者等が情報提供義務に違反して必要な情報を提供

しなかったことに起因して消防吏員等の生命、身体に死傷等の結果を生じさせた場合には、事情により、業務上必要な注意を怠って人を死傷させたとして業務上過失致死傷罪（刑法第211条）の成立が考えられ、また、民事上、故意または過失によって他人の権利を侵害したこと、つまり故意または過失によって違法に他人に損害を与えたとして、不法行為による損害賠償責任（民法第709条）が問われることもあり得ると思われます。

14　火災現場付近にある者の消防作業従事義務（消防法第29条第5項）

ア　消防作業従事命令

　消防法は、「消防吏員又は消防団員は緊急の必要があるときは、火災の現場附近に在る者を消火若しくは延焼の防止又は人命の救助その他の消防作業に従事させることができる。」と定め（消防法第29条第5項）、緊急の必要がある場合に火災の現場付近にある者に対する消防作業従事命令権を消防吏員等に付与しています。「緊急の必要があるとき」とは、消火、延焼の防止または人命の救助のためには、命令を発する以外に方法がなく、かつ、即刻命令を発しなければ重大な結果を招くおそれがあるときを意味し、可成り厳しい要件となっています。「その他の消防作業」には、連絡や負傷者の手当て、看護などが含まれます。

イ　消防吏員等の消防作業従事命令に従わなかった者の法的責任の有無等

　火災の現場付近にある者で、消防吏員等の消防作業従事命令を受けた者は、消防作業に従事する義務を負いますが、これに従わなかったとしても消防法上罰則の規定がなく、その理由のいかんを問わず罰則の適用という形で法的責任を問われることはありません。ただし、正当な理由なく消防作業従事命令に従わなかった場合には、別途、軽犯罪法第1条第8号[注]の規定に該当し、軽犯罪法違反として拘留（1日以上30日未満の期間拘留場に

拘置）または科料（1,000円以上10,000円未満）の対象となります。

　一方、消防作業に従事している者に対し、その行為を妨害した者は、消防法上の法的責任として罰則の適用を受け、2年以下の懲役または100万円以下の罰金の対象となり、情状により懲役刑と罰金刑が併科されることがあります（消防法第40条第1項第3号、第2項）。

ウ　消防作業従事者に対する災害補償

　消防吏員等の消防作業従事命令により消防作業に従事していた者が、その過程において死傷等の結果が生じた場合、市町村は損害の補償をしなければならないことになっていますが（消防法第36条の3第1項）、これは、消防作業従事中に偶発的に生じた損害に対し、市町村の結果責任に基づく損害の賠償として行われるものなのです。

エ　消防作業に従事した者が誤って第三者の財産に損害を与えた場合の法的責任

　消防吏員等の命令によって消防作業に従事する者の行為は、消防吏員等の補助として行われるものですから、法的には消防吏員等自身が行ったことになります。

　したがって、その消防作業の過程において誤って第三者に損害を与えるようなことがあったとしても、消防作業者自身には法的責任としての損害賠償責任を負わされることはありません。この場合は、消防作業従事命令を発した消防吏員等の属する市町村がその賠償責任を負うことになるのです。

（注）　軽犯罪法第1条第8号

　風水害、地震、火事、交通事故、犯罪の発生その他の変事に際し、正当な理由がなく、現場に出入するについて公務員若しくはこれを援助する者の指示に従うことを拒み、又は公務員から援助を求められたのにかかわらずこれに応じなかつた者

15 消防団員の消火活動等を妨害した者の法的責任

　消防団員が消火活動や水災を除く他の災害の警戒防禦や救護に従事するにあたり、その行為を故意に妨害した者は、誰しも消防法上の法的責任として、２年以下の懲役または100万円以下の罰金の対象となり、情状により懲役刑と罰金刑が併科されることがあります（消防法第40条第１項第２号、第２項）。このような犯罪を消防団員の消火活動等妨害罪といいます。この犯罪の刑が比較的重いのは、反社会的悪質性によるものなのです。

　「消防団員」とは、条例に基づき市町村に置かれる消防団に属し、消防事務に従事する者をいいます（消防組織法第19条以下）。「消火活動」とは、放水または消火器具の使用およびこれらに伴う排煙、照明、破壊等の活動を指します。「水災」とは、水防法にいう洪水、高潮をいい、「その他の災害」とは、暴風、竜巻、豪雨、豪雪、地震、津波、噴火、地滑りなどその他の異常な自然現象または爆発等をいいます（災害対策基本法第２条）。「故意」とは、消防団員の消火活動等を認識することを意味し、「妨害」とは、暴行または脅迫以外の方法で消火活動等に障害（支障）を生じさせるおそれのある行為を指し、現実に消火活動等に障害の結果を生じさせたことを必要としません。

　なお、消防吏員（消防官）の消火活動を故意に妨害した者は、刑法上の法的責任として消火妨害罪を構成し（刑法第114条）、１年以上10年以下の懲役の対象となります。

16 火災調査のための質問権と被質問者の法的責任

　この問題に入る前に火災調査権について、その概要を説明しておきましょう。

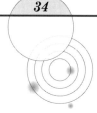

　火災が発生し、消防隊の消火活動によって火災が鎮圧されたのち、火災の調査活動が開始されますが、火災の原因や損害の程度を調査するための消防法上の権限として、①質問権（消防法第32条第１項）、②立入検査権（同法第34条第１項）のほか、③火災の原因の疑いがあると認められる製品を製造または輸入した者に対する資料提出命令権や報告徴収権（同法第32条第１項）、④出火建物等の関係者に対する資料提出命令権や報告徴収権（同法第34条第１項）、⑤関係官公署に対する必要事項通報請求権（同法第32条第２項）などがあります。これらの権限を総称して火災調査権といいますが、このうち、質問権と立入検査権が火災調査のための一般的権限（火災調査の手段として常に必ず行使される権限）として重要な役割を担っています。

　なお、火災が発生した場合、警察官も火災原因等の調査にあたりますが、警察官には、警察法規上火災調査のための明確な権限がなく、「司法警察職員は、犯罪があると思料するときは、犯人及び証拠を捜査するものとする。」と定めた刑事訴訟法第189条第２項の規定に基づき、失火および放火の犯罪捜査の一環として行っているのです。

ア　火災調査のための質問権および質問権者とその相手方

　火災調査のための質問権とは、火災調査権を構成する中心的な権限の一つで、火災原因等の究明に必要と思われる事項（役立つと思われる事項）あるいは関連すると思われる事項について関係のある者に質問し、その答弁を求めることができる権限のことで、関係のある者に対する火災調査権という意味で「人的調査権」と呼ばれ、火災調査のための立入検査とともに火災調査権の重要な両輪を形成しています。

　消防法第32条第１項の規定は、「消防長又は消防署長は、火災の原因ならびに火災および消火のために受けた損害を調査するため必要があるときは、関係のある者に対し質問することができる。」と定め、消防長および消防署長に火災の原因等を調査するための質問権を付与しています。このように、火災調査のための質問権は、消防長等の固有のものですから、消

防職員（消防吏員その他の職員）が質問を行う場合には、消防長等の代理として行われ、消防長等の代理として行われた質問は、消防長等自らが行ったことになります。質問の相手方（被質問者）である「関係のある者」とは、火災原因等の究明に必要な、あるいは参考となるような事実や情報を提供できると思われる者をいい、出火建物等の関係者をはじめ、使用人、従業員、同居の家族、火災の発見者、火災の現場付近に居た者、工事人等出火建物等について何らかのかかわりがあると思われるすべての者が含まれます。

　放火犯や失火犯の被疑者（マスコミの用語では、容疑者）も当然にこれに含まれますが、これらの者に対する質問の時間帯については、事件が検察官に送致されるまでという制約があります（消防法第35条の２第１項）。ただし、検察官の許諾を得た場合には、検察官送致後においても被疑者に対し質問することができることになっています（大阪高裁昭和55年３月25日判決、最高裁昭和58年７月12日判決）。

イ　質問に対する答弁の拒否と被質問者の法的責任

　消防法第32条第１項に基づく火災調査のための質問権は、罰則によって保障されていないため、強制力がなく、関係のある者が任意に答えてくれることを期待して行われるものなのです。したがって、もし質問の相手方が答弁を拒否したとしても、それ自体については、消防法上法的責任を問われることはありません。とはいえ、質問による火災原因等の究明は、このことによって火災の予防という究極的な目的に役立つ重要な事項ですので是非協力いただきたいものです。火災原因等の究明のためどうしても知りたい、知る必要があるという重要な事項について答弁が得られない場合は、別途、消防長等の権限である報告徴収権によって強制的に報告を求めることができる仕組みになっています。そして、消防長等の報告徴収に対して報告を怠った場合あるいは虚偽の報告があった場合には、その法的責任として罰則の適用を受け、30万円以下の罰金または拘留の対象となります（消防法第44条第22号）。

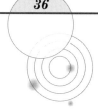

17 火災調査のための立入検査権と関係者の法的責任

ア 立入検査権の意義および立入りの手続

㈠ 立入検査の意義

　消防法第34条第1項の規定に基づく火災調査のための立入検査権とは、火災の原因や損害の程度を決定するために火災の現場に立ち入り、火災によって破損または破壊された財産の状況を検査する権限をいい、消防長または消防署長の権限であるとともに消防職員（消防吏員その他の職員）の権限とされています。この立入検査権は、火災により破損または破壊される財産という「物」を検査の対象としているところから、物的調査権としての性格を有し、消防法第32条第1項の規定に基づく火災調査のための質問権（人的調査権）とともに、火災調査権を構成する権限の中でも特に主要な権限とされ、火災原因等の究明のための一般的調査手段（常に必ず行われる手段）として重要な役割を担っています。

　消防法第34条第1項の規定に基づく火災調査のための立入検査は、従来から、実務上、「実況見分」の名で呼ばれていますが、消防法上全く存在しない実況見分の用語が立入検査の別称として用いられているのは、実況見分と立入検査の意味・内容が類似し、かつ、その機能（作用）面において同じ性質をもっていることに由来するものと思われます。すなわち、実況見分という法令上の用語は、犯罪捜査規範（国家公安委員会規則）第104条等においてのみらみれるもので、警察官の任意捜査の手段として定められているものですが、その意味は、視覚を中心とした五感（官）作用（触覚、嗅覚、味覚および聴覚）により、直接事物の存在や状態（状況）を現認する行為とされています。これに対し火災調査のための立入検査も視覚を中心とした五感（官）作用により直接火災によって破損または破壊された財産（物）の状況を検査（現認）する行為なのです。したがって、両者はその意味・内容において類似し、かつ、五感（官）作用によって現認す

るという機能（作用）面において、同じ性質を有するものということができます。

　このようなことから、消防法上明確な定めのない実況見分という用語を火災調査のための立入検査の別称とすることに合理的理由（根拠）が認められるのです。

　かくして、実務上、実況見分と称しているのは、法的には、消防法第34条第1項に基づく火災調査のための立入検査のことなのです。

㈠　立入りの手続

　消防職員による火災調査のための立入検査は、火災の種類や焼損の程度などに関係なく、また、法的には時間的な制約を受けることなく、出火建物等の関係者に対し立入検査を行う旨を告げることにより、適法に、一方的に火災の現場に立ち入ることができるのです。実務上、関係者の同意を得てから火災現場に立ち入っているとすれば、それは、法的に必要な手続として行っているものではなく、内部運用上の続きとして行っているに過ぎません。ただし、出火した一般住宅や共同住宅等の個人の住居部分に立ち入る場合には、関係者に立入検査を行う旨を告げ、さらに関係者の承諾を得てから行われることになります（消防法第34条第2項）。

　火災調査のための立入検査を行う旨の告知を受けた出火建物等の関係者（一般住宅や共同住宅等の個人の住居の関係者を除く。）は、これを受忍する義務を負うことになります。

イ　立入検査の拒否等と関係者の法的責任

　火災調査のための立入検査の告知を受けた関係者（一般住宅や共同住宅等の個人の住居の関係者を除く。）がその立入検査を受忍する義務に違反し、正当な理由なくこれを拒否し、妨げまたは忌避した場合には、消防法上の法的責任として罰則の適用を受け、30万円以下の罰金または拘留の対象となります（消防法第44条第2号）。したがって、火災調査のための立入検査権には強制力があることになります。

　以上、消防の火災調査権のうち、主要な一般的権限としての質問権および立入検査権について、その概要を説明しましたが、重ねて警察の火災調

査について触れておきたいと思います。火災が発生した場合、警察官も火災現場に立ち入り、火災の原因等の調査にあたりますが、警察官には、警察法規上、火災原因等の調査のための明確な権限が付与されているわけではありません。警察官による火災の調査は、「司法警察職員は、犯罪があると思料するときは、犯人及び証拠を捜査するものとする。」と定めた刑事訴訟法第189条第2項の規定を根拠とし、失火犯や放火犯の犯罪捜査の一環として火災の原因等の調査を行っているのです。

18 火災調査のための資料提出命令・報告徴収と関係者の法的責任

ア　火災調査のための資料提出命令と報告徴収

　火災調査のための一般的権限である立入検査権や質問権のみでは火災原因等の究明を十分に行うことができないと認められる場合には、資料提出命令や報告徴収によって補完（カバー）することができることになっています。「資料提出命令」とは、消防長または消防署長が、出火建物等の関係者に対し、火災の原因および損害の程度を決定するために必要な一定の資料について強制的に提出を求めることができる権限をいい（消防法第34条第1項）、「火災の原因および損害の程度を決定するために必要な一定の資料」とは、例えば、焼損した火気使用設備・器具や火災の拡大の要因となったとみられるシートの燃え残りなどが考えられます。また、「報告徴収」とは、消防長または消防署長が、出火建物等の関係者に対し、火災の原因や損害の程度を決定するために必要な一定の事項について強制的に報告を求めることができる権限をいい（消防法第34条第1項）、「火災の原因や損害の程度を決定するために必要な一定の事項」とは、例えば、火災発生前の火気使用設備・器具の管理状況、火災の拡大の要因となったシートやジュータンなどの材質あるいは製造メーカーなどが考えられます。

　出火建物等の関係者は、消防長等から資料提出命令や報告徴収を受けた場合は、所定の資料を提出し、報告を行うべき義務を負うことになりま

す。

イ　資料提出命令等に違反した関係者の法的責任

　出火建物等の関係者が、消防長等から資料提出命令や報告徴収をうけながら、所定の資料を提出しなかった場合あるいは報告を怠り、または虚偽の報告をした場合は、消防法上の法的責任として罰則の適用を受け、30万円以下の罰金または拘留の対象となります（消防法第44条第2号）。

19　火災の原因の疑いのある製品の製造業者等に対する資料提出命令・報告徴収と製造業者等の法的責任

ア　火災の原因の疑いのある製品に対する資料提出命令・報告徴収

　製品の構造上の欠陥に原因があると疑われる火災において、その原因を特定するためには、製品の設計図等の調査が不可欠とされています。このため、消防法は、従来の出火建物等の関係者に対する資料提出命令等のほかに火災の原因の疑いのある製品の製造業者および輸入業者に対する資料提出命令権や報告徴収権を創設し、製品火災に対する原因の究明の実効を図っています（消防法第32条第2項）。

　資料提出命令の対象となる資料には、製品火災の原因究明上必要と認められる製品の構造、機能等を記載した資料のほか製品そのものも含まれます。また、報告徴収の対象となる報告事項には、製品火災の原因究明上必要と認められるすべての事項が含まれますが、いずれの場合も、その必要性の判断については、権限者の判断に委ねられています。

　製品の製造業者等が消防長等から資料提出命令や報告徴収を受けた場合は、所定の資料を提出し、または報告を行うべき消防法上の義務を負うことになります。

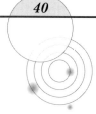

イ　資料提出命令等に違反した製造業者等の法的責任

　火災の原因の疑いのある製品の製造業者等が、消防長等から資料提出命令や報告徴収を受けながら、所定の資料を提出しなかった場合、あるいは所定の報告を怠り、または虚偽の報告を行った場合は、消防法上の法的責任として罰則の適用を受け、30万円以下の罰金または拘留の対象となります（消防法第44条第22号）。

　以上、一般市民とかかわりのある「火災に関連する消防法上の義務と法的責任」について、その概要を説明しましたが、次に、火災に関連する刑事責任の問題について、その概要を説明することにします。

4 火災と刑事責任

　火災と刑事責任というのは、放火をした者、誤って火災を発生させた者、火災の際に、人の生命、身体や財産などを守る義務があるのに、その義務を怠って人を死傷させた者、消防隊の消火活動を妨害した者などが、刑法上の法的責任として、どのような刑罰を受けることになるかという問題です。

1 放火罪

　放火罪は、故意に火災を発生させ、不特定多数人の生命、身体や財産に対して危害を加えるおそれのある反社会性の強い犯罪です。

　したがって、放火犯に対しては、どこの国でも、殺人犯と並んで重い刑を科しています。

　令和2年版の「消防白書」によると、放火が2,757件、放火の疑いが1,810件、合計4,567件となり、全火災件数の12.1パーセントを占め、放火が平成28年まで20年連続して出火原因の第1位を占めてきました。

　江戸時代でも火災の原因で最も多いのは放火でしたが、見せしめのため、直接放火した者や放火をそそのかした者に対しては、火焙(ひあぶ)りの刑という厳しい刑罰を科し、その再犯の防止を図っていたようです。

　現行刑法の放火罪には、現住建造物等放火罪、非現住建造物等放火罪、建造物等以外の放火罪および放火予備罪があります。

　ところで、これらの放火罪に共通する基本的な行為として、「放火」と「焼損する」という言葉がありますので、まず、この言葉の意味について触れておきましょう。

　「放火」というのは、火力によって（火を使用して）一定の目的物の燃焼に原因を与えるすべての行為をいい、積極的に火をつける場合だけでなく、既に燃焼している目的物の焼損を助長する行為、例えば、油を注ぐ行

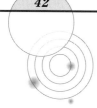

為などのほか、容易に消し止められる火を消さないで、焼損するまで放っておく消極的な行為も含まれます。「焼損する」というのは、火力によって物を損壊することをいい、放火罪は、焼損によって既遂に達します。どの程度損壊したときに焼損した（既遂に達した）といえるかについては、①火が媒介物を離れて目的物に移り、独立して燃焼を継続することができる状態に至ったときに焼損があったとする独立燃焼説、②火力によって物の重要な部分が焼失し、その物の本来の効用を失ったときに焼損があったとする効用滅失（滅却）説および③物の重要な部分が燃え上がったときに焼損があったとする折衷説がありますが、通説・判例は、①の独立燃焼説を採用しており、もちろん実務上の処理もこれに従っています。

ア　現住建造物等放火罪

㋐　意義

　現住建造物等放火罪は、放火して、現に人が住居に使用し、または現に人がいる建造物、汽車、電車、艦船もしくは鉱坑（以下「建造物等」という。）を焼損することによって成立し、死刑または無期もしくは5年以上の懲役に処せられ（刑法第108条）、未遂の場合も処罰されます（同法第112条）。「人」とは、犯人以外の者をいい（最高裁昭和32年6月21日判決）、「現に人が住居に使用し」とは、放火のあったとき、犯人以外の者がそこを住居、すなわち生活の場として使用していればよく、必ずしも常にそこにいる必要はないのです。したがって、犯人だけが住居として使用している場合は、「現に人が住居に使用し」とはいえませんが、犯人が妻子と住んでいる場合、妻子は法律上（刑法上）他人ですから、「現に人が住居に使用し」にあたります。「現に人がいる」とは、放火のときに犯人以外の者がそこにいることですが、そこにいる権利の有無を問いませんし、また、犯人以外の者がそこにいる限り、住居として使用している必要はないのです。「建造物」というのは、家屋などと似たことばで、土地に定着し、屋根があって、壁や柱に支えられ、少なくともその内部に出入りできるものをいいますから、物置小屋は建造物にあたりますが、犬小屋などは建造物ではありません。

㈠　**裁判例**

　裁判上、現住建造物等放火罪として処罰されたものの一例として、次のような事例があります。

① 　神棚のローソクが倒れそうなのに、保険金目あてにそのまま外出した事例（大審院昭和13年3月11日判決）

② 　犯人が家屋の押入内の壁紙にマッチで放火したため、火が天井に燃え移り、天井板約一尺四方を焼損させた事例（最高裁昭和23年11月2日判決）

③ 　営業所で残業中、多量の炭火をそのままにして仮眠している間に、ボール箱に引火し木製の机に燃え移ろうとしているのに気付きながら、自分のミスが発覚するのをおそれて、そのままにして帰宅した事例（最高裁昭和33年9月9日判決）

④ 　窃盗犯人が盗みに入った家で、紙たいまつ（紙をまるめて点火したもの）を作って物色中、これを机の上に置いたところ、書類が燃えあがった。そこで消火しようとしたが、消火する物音で見つかってはまずいと思い、そのまま逃亡したため、火災となった事例（広島高裁岡山支部昭和48年9月6日判決）

⑤ 　精神病院の入院患者数名が同病院を脱走する目的で、第2病棟内の布団部屋に放火し、同病棟を全焼させた事例（宇都宮地裁足利支部昭和49年1月14日判決）

⑥ 　別れた女性の関心を引こうとして、自分の居住するマンションの空室に入り込み、火を放ったが、同マンションの居住者に発見され、同室を焼損しただけで鎮火した事例（東京高裁昭和58年6月20日判決）

⑦ 　共産同叛旗派と称するグループに属する者3名が同グループの火炎ビン闘争の一貫として、警察官が待機・警戒中であった新宿駅東口派出所に向って火炎ビンを投げ、同所入口付近を炎上させた事例（東京高裁昭和58年5月4日判決）

⑧ 　集合住宅であるマンションの内部に設置されたエレベーターのかご内で火を放ち、その側壁として使用されている化粧鋼板の表面0.3平方メートルを焼損させた事例（最高裁平成元年7月7日決定）

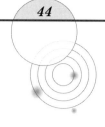

⑨　人が寝泊りしている劇場の東側に接着した便所に放火した事例（最高裁昭和24年2月22日判決）

⑩　本殿、拝殿、社務所等の建物が回廊等によって接続され、夜間も神職等が社務所等で宿泊していた平安神宮の社殿の一部に放火した事例（最高裁平成元年7月14日決定）

⑪　妻が夫の暴行に耐えかねて家出したのを悲観した夫が、焼身自殺しようとして家屋内にガソリンを撒いたが、点火する前に煙草を吸うためライターをつけたところ、その火がガソリンの蒸気に引火して建物が全焼した事例（横浜地裁昭和58年7月20日判決）

イ　非現住建造物等放火罪

㈠　意義

　非現住建造物等放火罪は、放火して、現に人が住居に使用せず、かつ、現に人がいない建造物、艦船もしくは鉱坑を焼損することによって成立し、2年以上の有期懲役（原則として、20年以下、ただし、加重される場合は30年以下となる。刑法第12条第1項、第14条第2項）に処せられ（同法第109条第1項）、未遂の場合も処罰されます（同法第112条）。ただし、放火した物が自己所有のものであるときは、これによって公共の危険が発生した場合に限り本罪が成立し、6月以上、7年以下の懲役に処せられます（同法第109条第2項）。もっとも、自己の所有物であっても、差押えを受けたり、他人に賃貸したり、あるいは保険に付した物は、他人の物とみなされます（同法第115条）。「現に人が住居に使用せず、かつ、現に人がいない」というのは、放火のあったときに犯人以外の者がそこを住居としていないことのほか、そこに人がいないことをいいます。本罪の典型的な例は、空家や物置などに対する放火ですが、本罪の目的物には汽車や電車が含まれていませんから、人の乗っていない汽車や電車に放火した場合は本罪が成立せず、次に述べる建造物等以外の放火罪（同法第110条）が成立することになります。

　非現住建造物等放火罪のうち、自己所有の物に放火した場合には、公共の危険が発生した場合に限り本罪が成立するといいましたが、「公共の危

険」とは、判例によれば、現住建造物等または他人所有の非現住建造物等に延焼する危険（大審院明治44年4月24日判決・最高裁昭和59年4月12日決定）に限らず、不特定または多数人の生命、身体または前記建造物等以外の財産に対する延焼危険も含まれるとして、公共危険の意義をやや拡張する判断が示されています（最高裁平成15年4月14日決定）。

　このように、公共危険が発生することを犯罪の成立要件としているものを具体的危険犯といいますが、たとえば、他の家屋などに延焼する可能性が全くない山の中の自己所有の炭焼き小屋に放火し、たとえそれが激しい火勢で燃えあがり、全焼したとしても、公共の危険が発生したとはいえませんから、自己所有物に対する非現住建造物等放火罪は成立しないことになります。

　これに対し、さきに述べた現住建造物等放火罪（刑法第108条）のほか、非現住建造物等放火罪のうち、他人所有のものに放火した場合（同法第109条第1項）には、ことさらに公共の危険が発生したことを犯罪の成立要件としておらず、放火して目的物を焼損したこと自体に公共の危険が発生したものと見なされ、犯罪が成立するとしています。このような犯罪を抽象的危険犯というのです。

⑷　**裁判例**

　裁判上、非現住建造物等放火罪にあたるとされたものの一例としては、次のような事例があげられます。

① 　自分一人で住んでいる建造物（他人所有のもの）に放火した事例（東京高裁昭和28年6月18日判決）

② 　鉄筋コンクリート10階建てマンションの1階にあり、優れた防火構造を備え、一区画から他の区画に容易に延焼しにくい構造になっている医院の受付室に放火した事例（仙台高裁昭和58年3月28日判決）

③ 　宿泊棟と研修棟が渡り廊下で連結されたホテルの無人の研修棟に放火した事例（福岡地裁平成14年1月17日判決）

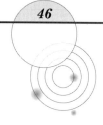

ウ　建造物等以外の放火罪

㋐　意義

　建造物等以外の放火罪は、放火して、現住建造物等（刑法第108条に掲げられた物）および非現住建造物等（同法第109条に掲げられた物）以外の物を焼損し、その結果、公共の危険を発生させたことによって成立し、1年以上10年以下の懲役に処せられますが（同法第110条第1項）、焼損した物が自己の所有物であるときは、1年以下の懲役または10万円以下の罰金となります（同条第2項）。ただし、自己の所有物であっても差押えを受けたり、他人に賃貸したり、あるいは保険に付したものは、他人のものとして取り扱われます（同法第115条）。

　本罪の未遂や予備は処罰の対象となりません。

　「現住建造物等および非現住建造物等以外の物」には、人の乗っていない電車・汽車のほか、自動車・自転車、橋、建造物に含まれない取り外し自由の畳・建具・ガラス戸・障子・カーテン類・布団・机・本棚等、建造物とはいえない門、塀の類、立木等が含まれます。これらの物は、自己の所有物であると他人の所有物であるとを問いません。

　「公共の危険」の意義については、自己所有の非現住建造物等放火罪（刑法第109条第2項）の場合と同様に、現住建造物等または他人所有の非現住建造物等に対する延焼危険のほか、不特定または多数人の生命、身体または前記建造物等以外の財産に対する延焼危険を指します。

　建造物等以外の放火罪は、現住建造物等および非現住建造物等以外の物を焼損し、これによって公共の危険を発生させたときに限って成立する具体的危険犯ですが、これらの物を焼損する認識だけがあればよく、公共の危険を発生させることまでを認識する必要はないとされています（最高裁昭和60年3月28日判決）。

㋑　裁判例

①　洋裁学院の経営者が、ネオン柱の一部が焼損したのを自己所有の屋蓋のない物置小屋（木造トタン葺平屋建て）の一部が焼けたものと誤解し、損害保険金の給付請求をしたところ、その請求が虚偽であるかのご

とく言われたのに憤激し、学生に命じて同物置小屋に放火し、半焼させた事例（最高裁昭和40年1月22日判決）

② 労務者が飲酒のうえ、日頃のうっ憤を晴らす目的で公園および隣接する私有山林の合計16箇所の芝、枯草等に放火したため、枯草および山林内の立木の幹が相当燻焼し、合計286平方メートルが焼損した事例（鳥取地裁昭和51年7月28日判決）

③ 過去に精神分裂症の患者として入院歴のある労務者が飲酒し、日頃の世間に対する憤まんを晴らす目的で、東京新宿の京王百貨店西側のバス停留所に停車していた路線バスの車内に、あらかじめ用意していたガソリンを撒いて放火し、乗客5名を死亡させ、12名を負傷させた事例（東京地裁昭和59年4月24日判決）

④ 妻と共謀のうえ、長女が通学する小学校の担当教諭の所有する自動車に放火しようと企て、同小学校教職員用の駐車場に無人でとめられていた自動車に対し、ガソリン約1.5リットルを車体のほぼ全体にかけたうえ、これにライターで点火し放火した事例（最高裁平成15年4月14日決定）

エ　延焼罪

延焼罪には、①建造物等延焼罪、②建造物等以外の延焼罪があります。

建造物等延焼罪というのは、自己所有の非現住建造物等放火罪（刑法第109条第2項）または自己所有の建造物等以外の放火罪（同法第110条第2項）の罪を犯し、その結果、現住建造物等（同法第108条）または他人所有の非現住建造物等（同法第109条第1項）に延焼させることによって成立し、3月以上10年以下の懲役に処せられます（同法第111条第1項）。

建造物等以外の延焼罪というのは、自己所有の建造物等以外の放火罪（同法第110条第2項）の罪を犯し、その結果、他人所有の建造物等以外の物（同法第110条第1項）に延焼させることによって成立し、3年以下の懲役に処せられます（同法第111条第2項）。

「延焼」というのは、犯人の目的とした物から、予期しなかった他の物に燃え移ってこれを焼損することをいいます。

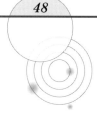
　延焼罪は、いずれも、自己所有の物に放火したところ、はからずも延焼という予期しない重い結果が発生したときに、重い刑で処罰されるという犯罪（このような犯罪を結果的加重犯といいます）ですから、延焼の結果について犯人に認識（故意）がなかった場合にのみ成立するものです。もし、犯人が、あらかじめ延焼の結果について認識しながら放火したとすれば、現住建造物等放火罪、他人所有の非現住建造物等放火罪あるいは他人所有の建造物等以外の放火罪が成立することになります。

オ　放火予備罪

　放火予備は、現住建造物等放火罪（刑法第108条）または他人所有の非現住建造物等放火罪（同法第109条第1項）の罪を犯す目的で、その予備をすることによって成立し、2年以下の懲役に処せられますが（同法第113条本文）、情状によりその刑を免除することができることになっています（同条ただし書）。「予備」とは、準備行為のことで、放火のためのガソリンを用意したり、放火用のボロきれを用意することなどがこれにあたります。

　なお、政治目的のために放火の準備などを行った者は、破壊活動防止法違反として5年以下の懲役または禁錮の対象となります（破壊活動防止法第39条）。

【参考】

 ## 放火と火災保険等

　参考までに、放火罪に関連する事項として、火災保険の契約者等が保険金を目当てに保険のかかった家屋に放火し、焼損させた場合、保険会社は、その保険契約者への保険金の支払いを拒否することができるか否かの問題等について触れておきたいと思います。

1　火災保険とは

　火災保険は、保険会社が火災によって財産に生ずる損害を保険契約者に補償（保険金の支払い）する保険のことで、損害保険の一種とされています。個人向けの火災保険の代表的なものとして住宅火災保険があります。

2　火災保険によって補償される損害

　火災保険によって補償される損害は、火災、落雷、破裂または爆発によって生じた損害などですが、「火災によって生じた損害」とは火災によって焼損した損害だけでなく、消火活動によって生じた損害（注水によって水濡れした損害、延焼防止のために破壊された損害、家財道具を運び出したことによって損傷した損害など）も含まれます。また、自火（自分の家屋から発生した火災）による損害でも、類焼による損害でも補償の対象となります。

3　火災によって生じた損害の補償が免責される場合

ア　保険契約者等に責任がある場合

　火災の発生について保険契約者や被保険者に故意または重大な過失があった場合には、免責事由（損害の補償責任を免れる理由）に該当し、保険会社は、火災によって生じた損害に対する補償責任が免れることになります。「故意」とは、放火を意味し、「重大な過失」とは、判例によれば、「ほんのちょっとした注意さえすれば、誰にでも容易に有害な結果が生ずることを予見（予測）することができるはずで、したがって、火災に至る

ことは容易に回避することができたはずであるのに、こうした注意すら怠るというような殆んど故意に近い不注意をいうと解すべきである（東京高裁平成4年12月25日判決)。」とされています。

イ　異常危険の場合

　火災保険は、通常の平穏な社会状態や自然環境における火災事故を前提としていますので、このような前提を欠いた自然災害（地震、噴火等）や戦争、内乱その他これらに類似する事変や暴動などによって生じた火災による損害について、保険会社は補償費を負わないことになっています。なお、核燃料物質に関連する事故によって生じた損害についても同様です。

4　放火と火災保険に関する裁判例

　火災保険の契約者等の放火によって発生した火災について、保険会社の保険金の補償（支払い）が免責された裁判例の一例として次のようなものがあります。

①　火災保険の契約者が銀行への住宅ローンの返済を怠ったため、銀行により住宅の競売開始が決定され、この決定を原因とする差押登記がなされた10日後に発生した放火事件について、裁判所がこの放火事件は、保険契約者またはこれと意を通じた者が放火したものと確認されることから、保険会社にはこの火災による損害の補償（保険金の支払い）について免責事由に該当し、保険契約者への保険金の支払義務は発生しないと判示した事例（長野地裁平成25年7月17日判決）

②　灯油を助燃剤として使用した放火事件について、裁判所が出火した建物の敷地や周囲の状況等から保険契約者以外の第三者が放火することは考えにくいこと、保険契約者が火災発生後早々に保険金の支払の請求を行なっていること等の事実を総合すれば保険会社は、保険契約者への保険金の支払義務が免責されると判示した事例（さいたま地裁熊谷支部平成23年7月26日判決）

③ 木造2階建て店舗併用住宅に対する放火事件について、裁判所が、高齢の父に代わって保険契約の手続きを行い、同居して面倒をみていた者の放火であると認め、保険会社に保険契約者への保険金の支払義務を免責した事例（横浜地裁平成21年7月18日判決）

④ 出火した住宅に火災保険をかけていた保険契約者からの保険金支払いの請求について、裁判所が、その住宅の火災は、保険契約者またはその関係者と意思の連絡のある者による放火の蓋然性が高いとして保険会社に保険金支払義務の免責を認めた事例（仙台高裁平成21年10月23日判決）

⑤ 自己の所有する家屋および敷地に対する競売手続を妨害する目的で、自己の経営する会社の従業員5名を交替で泊り込ませていた家屋について、火災保険の保険金をだまし取る目的で、放火を実行する前に従業員5名を沖縄旅行に連れ出し、その間に共謀者が家屋に放火し、全焼させた事例（最高裁平成9年10月21日決定）

2 失火罪

ア 意義

失火罪とは、①失火により、現住建造物等または他人所有の非現住建造物等を焼損したとき、あるいは、②失火により、自己所有の非現住建造物等または建造物等以外の物を焼損し、それによって公共の危険を生じさせたときに成立し、いずれも50万円以下の罰金刑の対象となります（刑法第116条）。

「失火により」とは、過失によって出火させることですが、「過失」とは、一般の人なら誰しも当然に注意したであろうことを怠ること（一般の人に要求される注意義務違反）をいい、軽過失ともいわれます。「公共の危険」とは、不特定多数人の生命・身体・財産に対して危害を感じさせるような可能性のある状態をいいます（大審院大正5年9月18日判決）。

イ　裁判例

　過失によって火災を発生させた者が、実際に失火罪として処罰された事例は、比較的に少ないようですが、裁判（主として、簡易裁判所での略式裁判）で確定した失火罪の一例を掲げると、次のようなものがあります。

①　不安定に積み重ねられた布団（敷布団４枚、掛布団５枚）の近くに置かれていた石油ストーブに点火し、その場を離れたため、布団が点火中の石油ストーブの直近に崩れ、これにストーブの火が着火して火災となった事例

②　温灸療法を行った際、もぐさの火が燃え移っていた綿布をもみ消し、これをまるめて段ボール箱の予備の綿布の上に置いて外出したところ、綿布の残り火が予備の綿布等に燃え移り火災となった事例

③　アイロンの電源を切ることを忘れ、畳の上に放置したまま外出したため、アイロンの熱により畳に火がつき火災となった事例

④　布団に付いた寝たばこの火を完全に消さないまま押入れに収めて外出したため、火災となった事例

⑤　出火の危険があると認識しなければならないのに、出火の危険がないと誤認して、枯草の生えているそばでたき火をしたため火災となった事例

⑥　たばこの吸いがらを紙くず籠の中に投げ捨てたため火災となった事例

⑦　作業所の台所で、精密発滌のオイルテンバーに使用するサラダ油を加熱するため、サラダ油を鋳物鍋に入れ、ガスコンロにかけてガスを点火し、その場を離れて他の作業に従事していたことにより、過熱によってサラダ油が発火し火災となった事例

⑧　サーモスタット（自動温度調節器）のこわれた電気アンカを布団に入れたままにし、アンカの差込みをコンセントからはずすことを怠ったため、その過熱により布団から発火し火災となった事例

⑨　自宅において、誤って燃焼中の石油ストーブを転倒させた際、敷布団をかぶせて消火したため、その布団の一部が焼損していたが、外見上火気がないことを確かめただけで漫然と火は完全に消えたものと確信し、

押入に収納した過失により、布団の焼損箇所の残火が再燃し火災となった事例

　以上の失火罪の事例は、略式裁判（公判を開かずに簡易裁判所の裁判官の書面審理だけで、刑を言い渡す簡易な刑事裁判のこと。略式裁判によって示される判断を略式命令という。）におけるものですが、正式裁判において失火罪の成立が認められた代表的な事例の一つとして、「倉庫の警備員の煙草の投捨による失火事件（福岡高裁昭和48年2月16日判決−罰金5万円）があります。この事件は、昭和37年9月26日㈬、長崎県福江市内のK商船株式会社福江支店の倉庫から出火し、同倉庫および隣接する住宅等397戸が焼損するという大火となったのですが、この火災の原因は、火元の倉庫の警備員が喫煙をしながら倉庫内を巡回中、火のついたままの吸がらを投捨てたことによると判明したため、失火罪として起訴されたものです。この事件は、第一審の福江簡易裁判所の略式裁判では無罪の略式命令があり（昭和40年1月2日）、控訴審の福岡高等裁判所の判決では有罪（昭和40年12月25日判決）、上告審の最高裁判所の判決では、自白の任意性はあるものの、真実性につき更に事実を審理すべきとして、控訴審裁判所に差し戻され（昭和46年4月20日判決）、福岡高等裁判所の差戻審では、罰金5万円の有罪判決が確定しています。

3　重失火罪

ア　意義

　重失火罪は、①重大な過失によって失火し、現住建造物等または他人所有の非現住建造物等を焼損すること、あるいは②重大な過失によって失火し、自己所有の非現住建造物等または建造物等以外の物を焼損したことによって成立し、いずれも3年以下の禁錮または150万円以下の罰金刑の対象となります（刑法第117条の2）。

　「重大な過失」とは、ごくわずかな注意さえすれば、容易に火災の発生

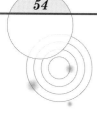
を防ぐことができたのに、そのような注意を怠った場合、つまり不注意の程度が甚だしく、殆んど故意に近いような場合を意味するものとされ、重大な結果（火災による大規模な損害の発生）が生じたからといって重大な過失とされるわけではないのです（前出の「倉庫警備員の煙草の投捨による失火事件」参照）。

　このように、重失火罪は、不注意（注意義務違反）の程度が著しいという点で違法性が高いものとされ、通常の失火罪より重く処罰されることになっています。

イ　裁判例

　裁判上、重失火罪の成立が認められた行為の一例をあげると、次のようなものがあります。

①　盛夏晴天の日に、ガソリンが盛んに揮発しているガソリンスタンドにおいて、ガソリン缶のすぐ近くでライターを使用したため火災になった事例（最高裁昭和23年6月8日判決）

②　他人の住宅に近接した便所内に炭俵が積み重ねられていた状況のなかで、炭俵からむしり取ったひとにぎりのわらに点火し、照明用に使用したところ、火が炭俵に燃え移り、その住宅を焼損した事例（仙台高裁昭和30年4月12日判決）

③　引火性物品のある作業台の近くでマッチをすって、たばこに火をつけ、軸木の火を消さずに引火性接着剤の入った洗面器内に投げ捨てたため、同接着剤に引火して火災となった事例（東京地裁昭和38年7月24日判決）

④　飲酒するともうろう状態のもとで、衝動的にマッチをもてあそぶ習癖があり、かつ、それを自覚していた者が、夜間外出先で飲酒し、酩酊のうえマッチで建物の壁に貼ってあったポスターやゴミ箱の紙屑に点火し、放火した事例（大阪高裁昭和41年9月24日判決）

⑤　繊維問屋街で人家の密集している路上において、喫煙のためにマッチを使用して火をつけ、残火のある軸木を投げ捨てたところ、木造家屋の軒下付近にあるゴミ箱に入って紙屑が燃えあがったが、大事にいたるこ

とはあるまいと思って、そのまま立ち去ったため、紙屑の火がゴミ箱脇のダンボール箱等に燃え移り火災となった事例（東京高裁昭和48年8月1日判決）

⑥　飲食店の従業員が客用椅子でベッドを作り、暖をとるため、電気ストーブを椅子からわずか30cmのところに置き、トレンチコートを下半身にかけて眠りこんだため、同コートが電気ストーブにずり落ちて着火し、火災となった事例（東京高裁昭和51年6月29日判決）

⑦　石油ストーブの燃料として、灯油と間違えてガソリンとオイルの混合油を使用したため火災となった事例（東京高裁平成元年2月20日判決）

4　業務上失火罪

ア　意義

　業務上失火罪は、業務上必要な注意を怠って失火し、それによって(ア)現住建造物等または他人所有の非現住建造物等を焼損すること、あるいは(イ)業務上必要な注意を怠って失火し、それによって自己所有の非現住建造物等または建造物以外の物を焼損したことによって成立し、重失火罪の場合と同様に3年以下の禁錮または150万円以下の罰金刑の対象となります（刑法第117条の2）。

　「業務」とは、人がその社会生活上の地位に基づき反覆継続して従事する仕事であって、職務として、火気の安全に配慮しなければならないものを指し（最高裁昭和60年10月21日決定）、具体的には、職務上、火災の原因となった火を直接取り扱うか、あるいは火災等の発見や防止の義務を負っている場合のことを意味します。例えば、ボイラーマン、溶接作業員、調理師、公衆浴場・食堂などの経営者や従業員、油脂販売業者、自動車・電車等の運転者、サウナ風呂の製作者、給油作業員、電力会社・ガス会社などの工事担当者、夜警員、劇場・ホテルなどの経営者や支配人などがこれにあたります。したがって、社会生活上反覆継続して火気を使用すると

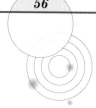

いっても、家庭の主婦や愛煙家などの行為は、ここにいう業務に含まれないことになります。

イ　裁判例

裁判上、業務上失火罪の成立が認められた火災事例の一例をあげると、次のとおりです。

① 店員によるアイロンのつけ放しを巡視した夜警員が発見しなかったために火災を発生させた事例（最高裁昭和33年7月25日判決）

② 十分に煙突掃除もしていない公衆浴場の経営者が風勢のはげしい日に釜たきをさせたため多量の火粉が煙突から外部に流散し、付近の住宅にふりかかって火災となった事例（最高裁昭和34年12月25日判決）

③ 劇場において演劇を上演中、舞台で使用した「吹ぼや」から点火された火の粉が、舞台上の吊物等に着火して火災となり、3名の死者と37名の負傷者を出した火災で、舞台の管理と小道具操作の各責任者に対し、火災発生の未然防止について共同の過失があるとして、業務上失火責任のほか、業務上過失致死傷の刑事責任を問われた事例（東京地裁昭和37年4月24日判決）

④ 工場の通路上に缶入りアルコールが漏洩し、熱風炉の火源に触れて引火燃焼し、さらにその付近にあった缶入り6硝酸マンニットが誘爆したため、火災となり、死者12名、負傷者19名の犠牲者が出た事例。この火災事故で社長および工場長が危険物の漏洩に対し、引火防止のための業務上の注意義務を怠ったとし責任を問われています（東京地裁昭和39年10月16日判決）

⑤ 飲食店で、ガスの販売業者が、プロパンガスボンベからガスストーブへのホースの架設工事を行うに際し、ボンベの固定措置およびホースの移動防止措置をとらずに工事を行ったため、酔客がホースを出入扉に引っかけてボンベを倒し、このために噴出したガスがストーブの火に引火して火災となった事例（最高裁昭和42年10月12日決定）

⑥ 貨物自動車の運転手が、トンネル内を通過中、排気管の熱が運転席下部の隙間風を防止するために設置していたゴム板に着火して同車が火災

となり、同トンネルを通過中の他の車12台に延焼した事例。この火災で、自動車の運転手は、自動車を安全な状態に維持して運行しなければならない義務があり、仮に排気管の熱による火災が発生した場合は、運転を中止して応急措置をとる注意義務があったとして業務上失火の責任を問われています（最高裁昭和46年12月20日決定）。

⑦　浴槽や風呂釜等の販売および取付等の業務に従事していた者が、寮の浴槽に石油風呂釜の接続工事を施工中、風呂釜と煙突の接続部がはずれているのに気づいていたにもかかわらず、これを放置していたところ、事情を知らない寮生が風呂を焚いたため、接続部のはずれた箇所から熱気がもれて床板等が燃えあがり、火災となった事例（福岡高裁昭和52年9月20日判決）

⑧　サウナ浴場に設置されたサウナ風呂には、ヒーターに近接して木製の椅子が設けられていたが、椅子が長時間の加熱によって炭化し、着火したため火災となった事例。この事件で、サウナ風呂の製作担当者が業務上失火の責任を問われています（最高裁昭和54年11月19日決定）。

5　火災と業務上過失致死傷罪

ア　業務上過失致死傷罪の意義

業務上過失致死傷罪は、業務上必要な注意を怠り、その結果人を死傷させたことによて成立し、5年以下の懲役もしくは禁錮または100万円以下の罰金の対象となります（刑法第211条）。

「業務」とは、人が社会生活上の地位（一定の職務）に基づき反覆継続して行う行為であって、かつ、他人の生命・身体に危害を加えるおそれのあるもの、または他人の生命・身体に対する危険を防止することを義務としているもののことです（最高裁昭和33年4月18日判決、昭和60年10月21日決定）。学説（通説）も同じような考え方をとっています。①「他人の生命・身体に危害を加えるおそれのあるもの」とは、例えば、交通につい

ていえば、自動車、電車、船舶などを運転する行為、医療についていえば、医師が行う手術や看護師が医師の指示に基づいて行う注射などを指し、また、②「他人の生命・身体に対する危険を防止することを義務としているもの」とは、例えば、いつ起きるかも知れない万一の火災に備え、必要な消防用設備等や防火・避難施設などを整備したり、従業員による消火・通報・避難訓練を行うなど火災による危険防止の義務を負っているデパートや旅館・ホテルなどの経営がこれにあたります。「必要な注意を怠る」とは、行政法規の取締規定に違反している場合、例えば、消防法第8条第1項の規定に違反して防火管理業務を怠っている場合や同法第17条第1項の規定に基づく消防用設備等の設置・維持義務を怠っている場合などを指しますが、このような法令上の義務に違反している場合のほか、法令違反がなくても、社会通念上（条理上）当然に注意すべきであったにも拘らずこれを怠った場合もこれに含まれると解されています（最高裁昭和37年2月28日判決）。いずれにしても、業務上必要な注意を怠ったことと人の死傷との間には因果関係があることが必要です。

イ　業務上過失致死傷罪と防火管理責任

㋐　火災に関連して業務上過失致死傷罪の刑事責任が認められた代表的な事例

　旅館・ホテルなどの火災において、火災による人命危険や火災の拡大を防止するために必要な自動火災報知設備やスプリンクラー設備が設置されていなかったという消防法違反に起因して宿泊客などに死傷者が出た場合、その裁判例では、例外なくすべて経営者が業務上過失致死傷罪の刑事責任を問われています。この場合、火災の原因や失火者が誰であるかは全く関係がないのです。

　ホテルの火災で経営者が業務上過失致死傷罪の刑事責任を問われた代表的な例としてホテル・ニュージャパン火災事件があります。

　この火災は、昭和57年2月8日㈪未明に発生し、宿泊客等33名の死者および34名の重軽傷者を出すという傷ましい火災事故でした。この火災の原因は、宿泊客である英国人の寝たばこの不始末とされ、ホテル側自体には

出火の責任がなかったのですが、火災が発生した場合にその拡大を防止し、宿泊客の人命の安全を確保するために最も重要な設備とされているスプリンクラー設備が設置されていなかっただけでなく、防火施設や避難施設などの設備面に欠陥があり、さらに、火災の通報や宿泊客に対する避難誘導などの防火管理が適切に行われていなかったために大惨事となったのです。

しかし、これらの防火・安全上の欠陥のうち、少なくともスプリンクラー設備さえ設置されていれば、火災の拡大を最小限度に喰い止めることができ、あのような大惨事には至らなかったはずです。

ところが、ホテル・ニュージャパンの経営者（社長）は、所轄消防署の再三再四にわたる設置指導にも従わず、しかも、消防署長からのスプリンクラー設備の設置命令にも従わなかったため、多くの傷ましい犠牲者を出すことになったのです。スプリンクラー設備を設置する意思されあれば、いくらでも設置できた筈なのに、多くの宿泊客の命をあずかるホテルマンとして当然に守らなければならない安全性確保への意識の欠如と防災設備への投資を怠った結果なのです。

このように、ホテルマンとしてあるまじき安全性確保への意識の欠如と防災設備への投資を怠った結果発生した大惨事に対しては、世間の人々やマスコミなどから非難の声があがり、営々として築きあげてきた地位や名誉も一瞬のうちに失墜して失意のうちに一生を終えたのです。まさに悔いの残る一生かと思われます。

この種の経営者にとって他山の石とすべき火災事例ではないでしょうか。

なお、ホテル・ニュージャパン火災事件の控訴審において、弁護側は、ホテル・ニュージャパンの管理権原者は、法人自体であって社長ではないと主張しましたが、東京高裁裁判所は、法人が建物を所有するとともに、これを占有し、管理している場合の管理権原者は、法人自体ではなく、原則として、法人の代表者（代表取締役社長）であると判示してこの主張を否定しています。

また、スプリンクラー設備を設置する資金がないとの主張に対しては、

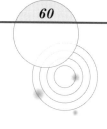

ホテルの建物に消防法令の基準に従って消防用設備等を設置すべきことは、ホテルの経営者にとって、宿泊客の安全確保のため、他の事項に優先して配慮しなければならない事柄であり、もし消防用設備等を設置すると経営が継続できなくなる場合があるとすれば、経営者は、少なくとも基本的な設備について工事資金の調達ができない以上は、経営を断念すべきであり、また、調達ができた場合でも工事が終了するまでは営業を休止するのが道理であるとさえ判示しているのです。

このことは、単にホテルだけの問題ではなく、劇場・映画館、百貨店、病院、飲食店、雑居ビルその他多くの人々が出入りし、または収客されている建物の経営者にとって、防火・安全上心すべき重要な事柄ではないでしょうか。

(イ) 防火管理責任

防火管理責任とは、ホテル等に火災が発生した場合、その管理権原者（経営者）等が防火管理義務（消防法令の防火に関する規定を履行する義務）を怠っていたことに起因して他人（宿泊者等）に死傷等の損害を与えたときに負わされる法的責任のことです。この法的責任は、すでに説明した業務上過失致死傷罪（刑法第211条）が中心となっていますが、このほか、不法行為責任（民法第709条）、工作物責任（民法第717条）および債務不履行責任（民法第415条）などの民事責任（民事上の損害賠償責任）が問われることがあります。

① 不法行為責任

不法行為責任というのは、故意または過失によって他人の権利等を侵害した場合、すなわち故意または過失によって違法に他人に損害を与えた場合に、不法行為者が負担しなければならない損害賠償責任のことです。例えば、ホテルの経営者が、消防法令によって義務づけられている消火・通報訓練や避難訓練を防火管理者に行わせていなかったため、火災発生時に、従業員による宿泊客の避難誘導が行われなかったり、あるいは従業員の避難誘導の不手際によって宿泊客に死傷者が出たような場合、民法上の不法行為として損害賠償責任を問われることがあります。

因みに、昭和47年5月13日(土)発生し、118名の死者と81名の負傷者の出

た大阪・千日デパートビル火災や同48年11月29日㈭に発生し、100名の死者と124名の負傷者の出た熊本・大洋デパート火災の裁判では、いずれも経営者の刑事責任（業務上過失致死傷罪）が問われたほか、これに加えて民事責任（不法行為等による損害賠償責任）も問われ、裁判上の和解によって、それぞれの遺族に対して総額18億5,000万円および17億5,000万円にも及ぶ賠償金を支払うことで決着しています。

② 工作物責任

　工作物責任というのは、土地の工作物の設置または保存（維持・管理）の欠陥により他人に損害を与えた場合に、原則として、その占有者が被害者に対して負担する損害賠償責任のことです。ただし、占有者が損害の発生を防止するために必要な注意を払ったときは、その損害に対する賠償責任は、所有者が負うことになっています。しかし、いずれにしても、この工作物責任は、工作物の占有者等に過失がない場合であっても責任を問われる点に特徴があります。例えば、ホテル等の経営者が、消防用設備等や防火・避難施設などの欠陥により、火災等の有事の際、宿泊客に死傷等の損害を与えた場合は、工作物責任として損害賠償責任の対象となります。

③ 債務不履行責任

　債務不履行責任というのは、債務者がその債務の趣旨に従った履行を怠ったり、あるいは債務者の責任で生じた理由によって履行できなかったことに起因して債権者に損害を与えた場合に、債権者に対して負担する損害賠償責任のことです。例えば、ホテルの経営者が宿泊客から宿泊料をとって宿泊させている場合には、宿泊客に対して安全に宿泊させる債務を負っています。したがって、火災の際に、消防用設備等や防火・避難施設等の不備欠陥、あるいは従業員の避難誘導の不手際などにより宿泊客に死傷等の損害を与えた場合には、債務の趣旨（宿泊客を安全に宿泊させること）に従った履行をしなかったことになり、債務不履行としての損害賠償責任を負うことになります。

㈡ **防火管理責任として、業務上過失致死傷罪の刑事責任を問われた裁判例**

　火災発生時に、消防法令違反に起因して第三者に死傷等の損害を与え、

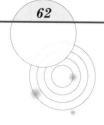

業務上過失致死傷罪の刑事責任を問われた主な裁判例を揚げると、次のとおりです。

旅館「池之坊満月城」火災事件

（神戸地裁昭和53年12月25日判決〔業務上過失致死傷被告事件〕—確定）

ア　事件の概要

　この火災は、昭和43年11月2日㈯未明、神戸市兵庫区内にある観光旅館「池之坊満月城」において発生したものですが、既設建物部分に消防法上必要な自動火災報知設備が設置されていなかったことにより、火災の発生を早期に宿泊客に通報できなかったことなどのため、宿泊客30名の焼死者と44名の負傷者が発生するという大惨事となったものです。

　この火災事故で、同旅館の管理権原者であり、また、防火管理者でもあった経営者が、防火管理責任として業務上過失致死傷（刑法第211条）の刑事責任を問われて起訴されましたが、裁判の結果、禁錮2年、執行猶予2年の有罪判決を受け、刑が確定しています。

イ　判決理由の要点

　本件裁判における判決理由の要点は、次のとおりです。

㈠　自動火災報知設備は、火災による死傷の結果を回避するうえで、極めて有効・適切な設備であるから、本件旅館の既設部分に自動火災報知設備を設置することは、被告人の消防法令上の義務（防火管理義務）だけでなく、刑法上（業務上過失致死傷罪上）の注意義務であること。

㈡　被告人が消防機関の再三にわたる設置指導に従わず、防火管理義務に違反して自動火災報知設備を設置しなかったことは、刑法上の注意義務違反に該当すること。

㈢　自動火災報知設備の未設置（刑法上の注意義務違反）と宿泊客の死傷の間には因果関係が認められること。すなわち、自動火災報知設備の未

設置に起因して宿泊客が死傷したこと。

磐梯熱海「磐光ホテル」火災事件

（福島地裁郡山支部昭和50年3月27日判決〔業務上過失致死傷被告事件〕、
仙台高裁昭和53年1月24日判決—確定）

ア　事件の概要

　昭和44年2月5日㈬午後9時ごろ、福島県郡山市にある磐光ホテルの大宴会場で演じられることになっていた金粉ショーのダンサーが、1階控室でたいまつにベンジンを染み込ませているうちに、そばにあった石油ストーブから引火して火災となりました。この火災で、警報設備のベル停止、通報のおくれ、避難施設の管理不良、従業員の避難誘導の不適切など防火管理体制の不備により避難時期を失った宿泊客が大混乱となり、30名の死者と、41名の負傷者が出るという惨事となったのです。

　このため、同ホテルの管理部長は管理権原者として、また、総務部長は防火管理者として、いずれも防火管理責任を問われ、業務上過失致死傷の罪名で福島地方裁判所郡山支部に起訴されました。

　その結果、被告人の管理部長は管理権原者（経営者）の地位にないから責任を問えないとして無罪となり、一方、被告人の総務部長は、業務上過失致死傷罪として禁錮2年、執行猶予2年の有罪判決を受け、これを不服として仙台高等裁判所に控訴しましたが、控訴棄却となり、刑が確定しています。

イ　判決理由の要点

　本件裁判において、被告人の総務部長の防火管理責任として業務上過失致死傷罪の成立が認められた要点は、次のとおりです。

㈦　全館に火災の発生および避難方法を迅速に通報しなかったこと。

㈦　ホテル等の玄関が避難上有効に開放されていなかったこと。

㋒ 非常口の改善措置がとられていなかったという防火管理義務違反に起因して宿泊客が死傷するに至り、しかも、これらの防火管理義務は、被告人の権限上可能であったこと。

旅館「寿司由楼」火災事件

（和歌山地裁昭和51年５月31日判決〔業務上過失致死傷被告事件〕―確定）

ア　事件の概要

　この火災は、昭和46年１月２日㊏午前１時ごろ、和歌山市内にある旅館「寿司由楼」旧館の１階から２階に上る階段付近から出火したものですが、同旅館に自動火災報知設備が設置されていなかったために宿泊客が逃げおくれ、16名が焼死し、16名が負傷しました。

　この火災事故で、同旅館の管理権原者（経営者）で防火管理者でもある代表取締役は、消防法上設置義務のある自動火災報知設備の設置を怠ったことなどの過失により死傷者を発生させた防火管理責任として、業務上過失致死傷（刑法第211条）の刑事責任を問われ、起訴されました。

　裁判の結果、被告人である代表取締役（管理権原者）は禁錮10月（執行猶予２年）の有罪判決を受け、刑が確定しています。

イ　判決理由の要点

　本件火災事件の判決で、被告人である旅館の経営者に業務上過失致死傷罪の刑事責任が認められたポイントは、次のとおりです。

㋐ 被害者が多数続出した旧館東側２階客室部分は、ほとんどが木造の建物で老朽化した部分も相当残存し、一たん出火した場合には火災が急速に伝播し、多数の死傷者を続出する危険性が多大に存在していた。

　他方、自動火災報知設備は、火災の早期発見・通報と避難に最も有効な物的設備で、このような設備を完備することは、多数の宿泊客らの生

　命、身体、財産等の安全を確保するうえにおいて必要不可欠である。

　　したがって、被告人は、旅館の経営者として、すみやかに自動火災報知設備を設置して不時の出火に際し火災の発生を宿泊客らに早期に通報することにより、宿泊客らが逃げおくれて死傷する等の事故を未然に防止すべき業務上の注意義務を負っていた。

(イ)　被告人は、死傷者の発生を容易に予見することができ、かつ、自動火災報知設備を設置することによって死傷の結果を回避することができた。

(ウ)　自動火災報知設備が設置されていれば、被害者らは、より早期に火災の発生を知り、階段等を利用して館外へ脱出することが可能であり、したがって、自動火災報知設備の未設置と被害者らの死傷の結果との間には相当因果関係が認められる。

椿グランドホテル火災事件

（和歌山地裁昭和51年３月30日判決〔業務上過失致死傷被告事件〕―確定）

ア　事件の概要

　この火災は、昭和47年２月25日㈮午前６時30分ごろ、和歌山県西牟婁郡白浜町にある椿グランドホテルの中央館３階配膳室付近から出火（原因不明）し、同ホテル全館を焼失するほか、４階および５階に宿泊していた宿泊客３名が火災に気づくのが遅れて焼死し、６名が避難の際に負傷しました。

　この火災事故で、同ホテルの経営者である代表取締役（管理権原者）が自動火災報知設備の設置を怠ったこと、消防訓練を実施しなかったことなどの過失により宿泊客らに死傷者を発生させた防火管理責任として業務上過失致死傷罪（刑法第211条）の刑事責任を問われ、起訴されました。

　裁判の結果、被告人は業務上過失致死傷罪として禁錮10月（執行猶予２

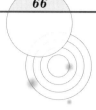

年)、消防法違反罪（消防法第8条第2項の消防管理者選任届出義務違反）として罰金10万円の有罪判決を受けました。このうち、業務上過失致死傷罪については大阪高等裁判所に控訴しましたが、その後控訴を取り下げたため刑が確定しています。

イ　判決理由の要点

本件火災事件の判決で、被告人であるホテルの経営者に業務上過失致死傷罪の刑事責任が認められたポイントは、次のとおりです。

(ア)　被告人は、ホテルの経営者として煙感知器付自動火災報知設備を設置すべき業務上の注意義務があったのに、これを怠り、数次にわたる所轄消防署員の設置指示に対し、誘導灯を設置したのみで、漫然と火災が発生することはないと考え、煙感知器付自動火災報知設備を設置しなかった。

　　また、被告人は、既設の熱感知器付自動火災報知設備を常時点検し、故障などの不備を発見したときは、直ちに補修し改善してそれが常に正常に作動しうる状態に置くよう管理すべき業務上の注意義務があるのに、これを怠り、同設備が電源が切断された状態になっていることを十分に知っていたにもかかわらず、資金の目途が立たないことを理由に漫然と同設備に補修などの措置を講じなかった。

　　これらの自動火災報知設備を完備することは、火災による死傷者の発生を防止するうえで最も重要な基本的注意義務に属する。

(イ)　焼死者は、火災が拡大していった遅い時期に火災の発生に気づいたため、退路を断たれてしまったのに対し、被害者らと同じ本館5階の客室に宿泊していた者の中には、偶々早い時期に火災の発生に気づき階段を降りて助かった者もいるのであるから、自動火災報知設備によって早期に火災の発生を通報していれば優に宿泊者3名の焼死は避けることができたものということができる。負傷した4名の宿泊客についても同様のことがいえる。

　　また、当時は、ホテル、旅館の火災が続発し、宿泊客への早期通報と避難に自動火災報知設備が有効な機能を果たしていることは、つとに知

られており、本件ホテルをはじめ旅館、ホテルに対しては、所轄消防署を通じて消防用設備等につき説明会や立入検査が度々行われていたものであるから、ホテルの経営にあたる被告人が注意義務を怠れば、火災の際、その通報がおくれて、宿泊者らの死傷という結果が生ずるであろうことは十分に予見することができた。

㋒　被告人が速やかに煙感知器付自動火災報知設備を設置し、かつ、既設の熱感知器付自動火災報知設備を常時点検して正常に作動し得る状態にしておけば、被害者ら3名は、より早期に火災の発生を知って階段などを利用して館外へ脱出することが十分可能であったことから、被害者ら3名は焼死することなく、避難することができたであろうことを認めることができる。したがって、被告人の2個の注意義務懈怠と被害者ら3名の死亡という結果の発生との間には、十分に相当因果関係が存在することを認めることができる。

千日デパートビル火災事件

（大阪地裁昭和59年5月16日判決〔業務上過失致死傷被告事件〕、大阪高裁昭和62年9月28日判決、最高裁平成2年11月29日決定—確定）

ア　事件の概要

　この火災は、昭和47年5月13日㈯午後10時30分ごろ、大阪市南区難波にある千日デパートビル（雑居ビル）の3階東側、スーパーニチイの寝具売場から出火し、2階から4階までを焼失しました。

　この火災で、多量の煙が7階のキャバレー「プレイタウン」に流入し、店内にいた客およびホステスら118名が一酸化炭素中毒や飛び降りによって死亡し、81名が重軽傷を負うというビル火災史上最悪の大惨事となりました。

　このため、同ビルの所有者である日本ドリーム観光株式会社の千日デパート管理部次長A、同部管理課長で防火管理者のB、キャバレー「プレイ

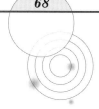
タウン」の経営者である千土地観光株式会社の代表取締役（管理権原者）のＣおよびプレイタウンの支配人で防火管理者のＤの４名が防火管理責任として業務上過失致死傷（刑法第211条）の刑事責任を問われて起訴されました。このうち、被告人Ａは、公判中死亡したため公訴棄却となっています。

　裁判の結果、被告人Ｂ、ＣおよびＤは、いずれも第一審（大阪地裁）では無罪でしたが、検察官の控訴により控訴審（大阪高裁）では、Ｂが禁錮２年６月（執行猶予３年）、ＣおよびＤがそれぞれ禁錮１年６月（執行猶予２年）の逆転有罪判決を受けたため、これを不服として最高裁判所に上告しました。

　上告を受けた最高裁判所第一小法廷は、被告人Ｂ、ＣおよびＤの過失責任（防火管理責任・業務上過失致死傷責任）を認めた原審（控訴審）の有罪判決を支持して上告棄却の決定をし、さらに職権で被告人の過失責任について判断を示し、大惨事から18年目にようやく決着をみました。

イ　判決理由の要点

　本件火災事件の上告審において、被告人Ｂ、ＣおよびＤの過失責任について、職権によって示された判断の要点は次のとおりです。

㈠　被告人Ｂの過失責任

　閉店後の千日デパート内で火災が発生した場合、容易にそれが拡大するおそれがあったのであるから、ドリーム観光としては、火災の拡大を防止するために、法令上の規定の有無を問わず、可能な限り種々の措置をとるべき注意義務があったことは明らかである。したがって、千日デパートの管理課長であり、防火管理者としては、自らの権限により、あるいは上司である管理部次長Ａの指示を求め、当夜改装工事が行われていた本件ビル３階の防火区画シャッター等を可能な限り閉鎖し、保安係員またはこれに代わる者を立ち会わせる措置をとるべき注意義務があったのにその義務に違反し、これに起因して死傷の結果を発生させた点に防火管理責任（業務上過失致死傷の責任）がある。

㈠　被告人Dの過失責任

　被告人Dが、あらかじめ階下からの出火を想定し、避難のための適切な経路の点検を行ってさえいれば、B階段が安全確実に地上に避難することができる唯一の通路であるとの結論に達することは十分に可能であったと認められる。そして、被告人Dは、建物の高層部で多数の遊興客等を扱う「プレイタウン」の防火管理者として、ビルの階下において火災が発生した場合は、適切に客等を避難誘導できるように、平素から避難訓練を実施しておくべき注意義務を負っていたのに、その義務を怠り、これに起因して死傷の結果を発生させたのであるから、防火管理責任（業務上過失致死傷の責任）がある。

㈡　被告人Cの過失責任

　被告人Cは、救助袋の修理または取替えが放置されていたことなどから、適切な避難誘導訓練が平素から十分に実施されていないことを知っていたにもかかわらず、管理権原者として、防火管理者である被告人Dが防火管理業務を適切に実施しているかどうかを具体的に監督すべき注意義務を果たさず、これに起因して死傷の結果を発生させたのであるから、防火管理責任（業務上過失致死傷の責任）がある。

釧路「オリエンタルホテル」火災事件

（釧路地裁昭和52年3月16日判決〔業務上過失致死傷被告事件〕―確定）

ア　事件の概要

　この火災は、昭和48年6月18日㈪午前4時20分ごろ、北海道釧路市内にあるオリエンタルホテルの1階売場に備え付けられていた冷蔵ストッカーの電気コード接続部分からダンボールに着火して火災となり、宿泊客2名が死亡、27名の負傷者を出しました。

　この火災事故で、同ホテルの常務取締役（管理権原者）Aおよび人事部長（防火管理者）Bが防火管理責任として業務上過失致死傷（刑法第211

　条）の刑事責任を問われ、起訴されたものです。

　裁判の結果、被告人AおよびBは、いずれも禁錮1年6月（執行猶予2年）の有罪判決を受け、それぞれ刑が確定しています。

イ　判決理由の要点

　本件火災事件の判決で、被告人AおよびBに防火管理責任（業務上過失致死傷責任）が認められたポイントは、被告人両名が、①夜間の消防計画の作成義務、②消防計画に基づく通報、避難誘導訓練の実施義務、③防火シャッター閉鎖用スイッチボックスの鍵の所在を明示し、常時これを使用し得る状態にしておく義務、④従業員らに対し防火シャッターの存在および使用方法を周知徹底しておく義務、⑤防火シャッターの閉鎖および火災の際の避難誘導訓練を実施しておくべき業務上の注意義務があるのに、いずれもこれを怠った過失に起因して宿泊客に死傷者を出したことにあるのです。

熊本「大洋デパート」火災事件

（熊本地裁昭和58年1月31日判決〔業務上過失致死傷被告事件〕、福岡高裁昭和63年6月28日判決、最高裁平成3年11月14日判決—確定）

ア　事件の概要

　この火災は、昭和48年11月29日㈭午後1時15分ごろ、熊本市内の大洋デパート南西隅の避難階段であるエレベーターの外周階段の2階踊り場から3階への上り口付近から出火（出火原因不明）、同デパート3階以上がほぼ全焼して買物客ら100名が死亡し、124名が負傷しました。

　この火災事故で、同デパートの代表取締役A、常務取締役B、取締役（人事部長）C、営業第3課長（3階火元責任者）D、営業係員（防火管理者）Eの5名が防火管理責任として業務上過失致死傷（刑法第211条）の刑事責任を問われ、起訴されたものです。

　なお、被告人AおよびBは、公判中死亡したため、公訴棄却となっています。

　裁判の結果、第一審の熊本地方裁判所は、被告人C、DおよびEには過失責任がないとしていずれも無罪としましたが、これに対し検察側は、第一審の判決には事実誤認があるとして福岡高等裁判所に控訴しました。

　第二審（控訴審）の福岡高等裁判所は、審理の結果、原判決（第一審の無罪判決）を破棄し、被告人Cに禁錮2年、同Dに禁錮1年、同Eに禁錮1年6月（いずれも執行猶予2年）の刑を言い渡しましたが、被告人らはこれを不服として最高裁判所に上告しました。

　上告を受けた最高裁判所第一小法廷は、被告人全員を無罪とした第一審判決を相当として支持し、原判決（第二審判決）を破棄して被告人全員を無罪としたのです。この判決は裁判官の全員一致によるものとされています。

　なお、この火災事件は、民事事件としても争われ、総額18億円の補償金を遺族らに支払うことで和解が成立し、決着していますが、その結果、大洋デパートは倒産を余儀なくされています。

イ　上告審の判決理由の要点

　本件火災事件の上告審判決で、被告人C、DおよびEに防火管理責任（業務上過失致死傷責任）がなく、無罪とされたポイントは、次のとおりです。

（ア）　被告人Cの場合

①　消防計画の作成等をすべき注意義務について

　　a　事業主が株式会社の場合、防火管理上の注意義務を負うのは、一般に会社の業務執行権限を有する代表取締役（管理権原者）であって、取締役会ではない。

　　b　火災当時、店舗本館の防火管理体制が不備のまま放置されていたのは、A社長の代表取締役としての判断によるものであって、その責任は同社長にあり、取締役会の構成員に過失責任を認めるだけの特別の事情はない。

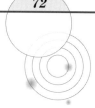

  c したがって、原判決が、被告人Cに取締役会の構成員の一員として取締役会の決議を促して消防計画の作成等をすべき注意義務があるとしたのは誤りである。

 ② A社長に直接意見を具申すべき注意義務について

  a 被告人Cは、A社長から防火管理者に選任されたことも、店舗本館の維持・管理について委任を受けたこともない。

  b 人事部長の所管業務の中に防火管理に関する業務は含まれていないし、実質的にその業務に従事していたこともなかった。

  c したがって、防火管理上の注意義務を負っていなかった同被告人に、A社長に対し意見を具申すべき注意義務があったとは認められない。

 以上のように、そもそも防火管理上の注意義務を負っていなかった同被告人には、買物客らの死傷の結果について防火管理責任（業務上過失致死傷責任）を問うことはできない。

（イ） **被告人Dの場合**

  a 被告人Dは、3階の売場課長であったが、売場課長であることから、直々に防火管理の職責を負うものとはいえない。

  b 被告人Dは、3階の火元責任者であったが、火元責任者であるからといって、当然に受持区域における消火、延焼の防止等の訓練を実施する職責を負うものではなく、その業務範囲は、3階の消防編成、火気の取締り、消火器の点検整備などにすぎなかった。

  c 被告人Dは、火災の発生に直面した際に、応急消火、延焼の防止等の措置をとるべき立場にあったが、当時の状況において、できる限りの消火、延焼防止の努力をしていたと認められる。

 以上のように被告人Dには3階の消火、延焼防止等の訓練を実施する職責がなく、火災発生時にとった応急消火、延焼防止等の措置についても過失がなかった。したがって、買物客らの死傷の結果について防火管理責任（業務上過失致死傷責任）を問うことはできない。

（ウ） **被告人Eの場合**

  a 防火管理者の選任要件となっている「管理または監督的な地位に

あるもの」とは、その者が企業組織内において、一般的に管理的または監督的な地位にあるだけでなく、防火管理上必要な業務を適切に遂行することができる権限を有する地位にあるものをいうと解される。

　b　被告人Eには、そのような地位にあったとは認められず、消防計画を作成し、これに基づく避難誘導等の訓練を実施するための具体的な権限が与えられていなかった。また、消防計画の作成等の主要な防火管理業務を遂行するためには、A社長や常務取締役の職務権限の発動を求めるほかなかった。

　c　被告人Eは、消火器の点検、消火剤の詰め替え、消防署との連絡や打合せなど自己の権限として行うことができる範囲の業務は遂行していた。

　以上のように、被告人Eには、自己の権限として、消防計画を作成し、これに基づく避難誘導等の訓練を実施すべき注意義務がなく、権限上行うことができる範囲の業務については、これを遂行していたのであるから、買物客らの死傷の結果について防火管理責任（業務上過失致死傷責任）を問うことはできない。

川治プリンスホテル火災事件

（宇都宮地裁昭和60年５月15日判決〔業務上過失致死傷被告事件〕、東京高裁昭和62年２月12日判決、最高裁平成２年11月16日決定—確定）

ア　事件の概要

　この火災は、昭和55年11月20日㈭午後３時10分ごろ、栃木県塩谷郡藤原町にある川治プリンスホテル新館風呂場から出火し、同ホテルの鉄骨木造５階建て旧館と棟続きの鉄骨木造２階建ての新館などが全焼しました。出火当時、同ホテルには142名の宿泊客などがいましたが、このうち、東京都杉並区の「K長寿会」および「S長寿会」の40名を含む観光バスガイ

ド、添乗員、従業員など計45名が焼死し、22名が重軽傷を負いました。

　同ホテルには、防火管理者の未選任、消防計画の未作成、避難誘導訓練の未実施、防火戸や防火区画の未設置などの防火管理義務違反が認められたため、社長のAおよび専務で実質上の経営者である妻Bは、防火管理責任として業務上過失致死傷の刑事責任（刑法第211条）を問われ、起訴されました。

　裁判の結果、第一審（宇都宮地裁）では、被告人Aが禁錮2年6月（執行猶予3年）、被告人Bが禁錮2年6月の実刑に処せられましたが、被告人Aはこの判決に服し、被告人Bのみがこの判決を不服として東京高等裁判所に控訴しました。控訴審の判決によって控訴を棄却された被告人Bは、さらに最高裁判所に上告しましたが、上告審は、これを棄却し、職権により被告人Bの防火管理責任（業務上過失致死傷責任）を認めています。

イ　上告審の決定の要旨

　上告審は、本件火災事件における被告人Bの防火管理責任（業務上過失致死傷責任）について、職権により決定の形式で次のように判示しています。

　被告人Bは、Aと共に川治プリンスホテルの経営管理業務を統括掌理する最高の権限を有し、同ホテルの建物に対する防火防災の管理業務を遂行すべき立場にあったことは明らかであるが、宿泊施設を設け、昼夜を問わず不特定多数の人に宿泊等の利便を提供する旅館・ホテルにおいては、火災発生の危険を常にはらんでいるうえ、被告人Bは、同ホテルの防火防災対策が人的にも物的にも不備であることを認識していたのであるから、いったん火災が起きれば、発見の遅れ、初期消火の失敗等により本格的な火災に発展し、建物の構造、避難経路等に不案内の宿泊客等に死傷の危険のおよぶおそれがあることは予見できたものというべきである。ところで、被告人Bは、同ホテルにおいては、防火管理者が選任されていなかったのであるから、必要と認められる消防計画を自ら作成し、あるいは幹部従業員に命じて作成させ、これに基づく避難訓練を実施する義務を負ってお

り、また、被告人Bは、旧館2階ないし4階への煙および火炎の流入・拡大を防止し、宿泊客等の生命、身体の安全を確保すめため、建築基準法令に従い、自らの責任において、新館2階と旧館2階との連絡通路部分に煙感知器連動式甲種防火戸を設置し、旧館2階ないし4階の中央および西側の各階段部分を防火区画とする義務を負っていたというべきである。そして、被告人Bが右の義務を履行するため必要な措置をとることを困難たらしめる事情は存在しなかったところ、本件火災による宿泊客および従業員の死傷の結果については、被告人Bにおいて、あらかじめ消防計画を作成してこれに基づき避難訓練を実施するとともに、右の防火戸・防火区画を設置していれば、双方の措置が相まって、本件火災による宿泊客等の死傷の結果を回避することができたものと認められる。

　してみると、本件火災による宿泊客等の死傷の結果は、被告人Bが右のような義務があるのにこれを怠ったことによるものであるから、被告人Bには過失があり、被告人Bに対し業務上過失致死傷罪の成立を認めた原判決の判断は相当である。

ウ　上告審決定の要点

　本件火災事件の上告審の決定で、控訴審判決を支持し、被告人Bに防火管理責任としての業務上過失致死傷責任があると判示した理由のポイントは、次のとおりです。

　被告人Bは、①消防計画を作成し、これに基づく避難訓練を実施する義務、②新館2階と旧館2階との連絡通路部分に煙感知器連動式甲種防火戸を設置する義務、③旧館2階ないし4階の中央および西側の各階段部分を防火区画とする義務を怠り、これに起因して宿泊客等を死傷させたのであるから、防火管理責任としての業務上過失致死傷罪が成立するというのです。

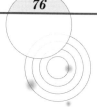

スナック「エル・アドロ」火災事件

（新潟地裁昭和56年11月19日判決〔業務上過失致死傷被告事件〕、東京高裁昭和57年12月22日判決、最高裁昭和58年5月10日決定—確定）

ア　事件の概要

　この火災は、昭和53年3月10日㈮午前0時9分ごろ、新潟市内の今町会館2階にあるスナック「エル・アドロ」の出入口通路の天井から、屋内配線の漏電により出火し、同店が全焼するとともに、火災の通報、初期消火、避難誘導等の初動措置の不手際から、同店の客9名と従業員2名の計11名が逃げおくれて焼死し、2名が負傷しました。

　この火災事故で、同店の経営者Aおよび店長Bが防火管理責任として業務上過失致死傷（刑法第211条）の刑事責任を問われ起訴されました。

　裁判の結果、新潟地方裁判所は、被告人両名に対し、禁錮1年6月（執行猶予3年）の刑を言い渡しましたが、検察側がこれを不服として東京高等裁判所に控訴しました。

　控訴審は、原審（第一審）の判決を破棄、自判して被告人両名に対し禁錮1年の実刑判決を言い渡したのです。

　このため、被告人両名は、控訴審判決を不服として最高裁判所に上告したのですが、昭和58年5月10日、被告人Aに対し、上告棄却の決定があり、控訴審の判決が確定しています。

　なお、被告人Bは、上告後これを取り下げています。

イ　判決理由の要点

　本件火災事件の判決で、被告人である経営者Aおよび店長Bに業務上過失致死傷の刑事責任が認められたポイントは、次のとおりです。

㈠　被告人Aの過失責任

　被告人Aは、①防火管理者の選任、②防火管理者または自らによる消防

計画の作成、③消防計画に基づく消火、通報、避難訓練の実施、④消防用設備等の設置と点検整備、⑤避難の支障となる通路幅員の拡張と天井や壁の内装に不燃材料を使用するなどの店舗の改善措置を講ずることによって火災による死傷の結果を防止すべき業務上の注意義務があったのにこれを怠った過失により客等を死傷させた。

(イ)　**被告人Bの過失責任**

　被告人Bは、①火災の際の消火、通報、避難の手順の定立、②その手順に基づく消火、通報、避難訓練の実施、③消防器具等の点検整備、④火災が発生した場合の客等への即時の通報と避難誘導および適切な消火活動を行い、火災による死傷を未然に防止すべき業務上の注意義務があったのに、これを怠った過失により客等を死傷させた。

ホテル・ニュージャパン火災事件

（東京地裁昭和62年5月20日判決〔業務上過失致死傷被告事件〕東京高裁平成2年8月15日判決、最高裁第二小法廷平成5年11月25日決定―確定）

　ホテル・ニュージャパン火災事件については、すでに(5)、イ、(ア)の項で簡単に触れておきましたが、改めて事件の概要と同ホテルの経営者および防火管理者の業務上過失致死傷罪の成立を認めた第一審（東京地裁）、控訴審（東京高裁）および上告審（最高裁）の判決等の要旨について触れておきたいと思います。

ア　事件の概要

　この火災は、昭和57年2月8日㈪午前3時すぎごろ、東京都千代田区永田町にあるホテル・ニュージャパン（耐火造・地下2階地上10階、延べ面積46,000㎡・客室420室）の9階938号室から出火（出火原因寝タバコの不始末）、9階、10階および7階の一部約4,200㎡を焼くとともに、スプリンクラー設備の未設備、自動火災報知設備の維持管理不適、避難誘導の不手際などにより、逃げ遅れた宿泊客の飛び降り、焼死などにより33名（ホテ

ル従業員１名を含む）が死亡し、34名が負傷しました。

　この火災事故で、同ホテルの経営者Ａと防火管理者のＢが防火管理義務違反があったとして業務上過失致死傷の刑事責任（刑法第211条）を問われ、起訴されました。

　裁判の結果、第一審（東京地裁）は、被告人Ａに対して禁錮３年の実刑、同Ｂに対して禁錮１年６月（執行猶予５年）の刑を言い渡しましたが、Ｂはこの判決に従ったため刑が確定しています。

　一方、Ａは、この判決を不服として東京高等裁判所に控訴しましたが、控訴棄却の判決を受けたため、最高裁判所に上告しました。

　上告を受けた最高裁判所第二小法廷は、上告棄却の決定をくだしたことにより刑が確定しています。

イ　判決理由等の要旨

㋐　第一審の判決理由の要旨

　被告人Ａは、火災による死傷者の発生する危険性の高い高層ホテルの経営者として、スプリンクラー設備もしくはこれに代わる防火区画を設置するとともに、被告人Ｂを指揮して消防計画の作成、消防訓練の実施、消防用設備等の維持管理等も含めた万全の防火管理体制を確立することによって、火災による宿泊者等の死傷の発生を未然に防止すべき注意義務を負い、被告人Ｂは、消防計画の作成、消防訓練の実施、防火戸の点検・維持管理等の防火管理業務を適切に実施することによって、死傷の結果の発生を防止すべき業務上の注意義務を負っていたのに、被告人両名が十分に実施可能であったと認められる各自の注意義務の履行を怠ったため、火災の拡大を防止できなかったうえ、避難誘導等の適切な措置を欠き、９階出火付近ばかりでなく、既設の防火区画外の９階南棟、東棟や時間的に可成り余裕のあった10階の宿泊客らにまで、多数の死傷者を発生させたものであって、被告人両名に死傷の結果に関する過失責任があることは明らかである。

㋑　控訴審判決（控訴棄却）理由の要旨

　①　法人が防火対象物である建物を所有するとともに、これを占有、管

理している場合の管理権原者は法人自体ではなく、自然人であり、そ
れも、原則として、法人の代表者であると解すべきであり、被告人
は、名実ともに本件ホテルの代表者であった。

② 被告人は、本件ホテルの社長として、営業自体についてはもとよ
り、営業に伴う宿泊客等の生命、身体の安全確保のための防火、消防
関係を含む業務を統括掌理する権限と職責を有し、消防法第17条第1
項により、本件建物の「関係者」として消防用設備等を設置する義務
を負うとともに、同法第8条第1項により、本件建物の「管理権原
者」として、防火管理者をして消防計画を作成させ、同計画に基づく
消防訓練の実施、消防用設備等の点検、維持管理等の防火管理上必要
な業務を行わせる義務を負っており、業務上過失致死傷罪の「業務」
についての判例（最高裁昭和60年10月21日決定）にいう「他人の生
命、身体の危険を防止することを業務内容とする業務」に従事してい
たということができる。

③ 本件建物自体火災が発生すれば拡大しやすいものであり、一部を除
いて法令上必要なスプリンクラー設備またはこれに代わる防火区画が
設置されておらず、しかも、消防当局の立入検査の都度、防火管理に
ついて数多くの問題点が指摘されていた等の事実から、被告人は、防
火管理者に対し監督権を行使すべき状況になかったなどとは到底いえ
ない。

④ ホテル建物について消防法令上の基準に従った消防用設備等を設置
すべきことは、ホテル経営者にとって、宿泊客の安全確保のため、他
の事項に優先して配慮しなければならない事柄であり、消防法上の義
務でもある。

　もし、消防用設備等に不備があるホテルについて、所要の設備工事
に費用を支出すると、経営が圧迫され、経営の継続ができなくなると
いう場合があるとすれば、不備などはないものと信頼している利用客
が保護されるためにも、経営者は、少なくとも基本的な設備について
工事資金の調達ができない以上は、経営を断念すべきであり、または
調達ができて工事が終了するまで営業を休止すべきであるとするのが

道理であろう。

⑤　鑑定書その他の証拠によれば、防火区画が設置されていた場合、他室、他階への延焼が阻止され、または仮に延焼したとしても相当時間を要し、その間に宿泊客の避難が可能であったと認められる。

㈦　上告審決定（上告棄却）の要旨

　被告人は、代表取締役社長として、本件ホテルの経営、管理事務を統括する地位にあり、その実質的権限を有していたのであるから、多数人を収客する本件建物の火災の発生を防止し、火災による被害を軽減するための防火管理上の注意義務を負っていたものであることは明らかであり、ニュージャパンにおいては、消防法第8条第1項の防火管理者であり、支配人兼総務部長の職にあったBに防火管理業務を行わせることとしていたから、同人の権限に属さない措置については被告人自らこれを行うとともに、防火管理業務についてはBが適切にこれを遂行するよう同人を指揮監督すべき立場にあったというべきである。そして、昼夜を問わず不特定多数の人に宿泊等の利便を提供するホテルにおいては火災発生の危険を常にはらんでいるうえ、被告人は、昭和54年5月代表取締役社長に就任した当時から、本件建物の9、10階等にはスプリンクラー設備も防火区画も設置されていないことを認識しており、また、本件火災の相当以前から、既存の防火区画が不完全であるうえ、防火管理者であるBが行うべき消防計画の作成、これに基づく消防訓練、消防用設備等の点検、維持管理その他の防火防災対策も不備であることを認識していたのであるから、自らまたはBを指揮してこれらの防火管理体制の不備を解消しないかぎり、一たん火災が起れば、発見の遅れや従業員らによる初期消火の失敗等により本格的な火災に発展し、従業員らにおいて適切な通報や避難誘導を行うことができないまま、建物の構造、避難経路等に不案内の宿泊客らに死傷の危険の及ぶおそれがあることを容易に予見できたことは明らかである。したがって、被告人は、本件ホテル内から出火した場合、早期にこれを消火し、または火災の拡大を防止するとともに宿泊客らに対する適切な通報、避難誘導等を行うことにより、宿泊客らの死傷の結果を回避するため、消防法令上の基準に従って本件建物の9階および10階にスプリンクラー設備また

は防火区画を設置するとともに、防火管理者であるＢを指揮監督して、これに基づく消防訓練および消防用設備等の点検、維持管理等を行わせるなどして、あらかじめ防火管理体制を確立しておくべき義務を負っていたというべきである。そして、被告人がこれらの措置を採ることを困難にさせる事情はなかったのであるから、被告人がこれらの義務を怠らなければ、これらの措置とあいまって、本件火災による宿泊客らの死傷の結果を回避することができたということができる。

以上のことから、これらの義務を怠り、これらの措置を講じなかった被告人に、本件火災による宿泊客らの死傷の結果について過失があることは明らかであり、被告人に対して業務上過失致死傷罪の成立を認めた原審の判断は、正当である。

㈔　**被告人に業務上過失致死傷の刑事責任が認められた要点**

①　被告人Ａの場合

上告審が原審（控訴審）の判決を支持し、被告人Ａの防火管理責任として業務上過失致死傷罪の成立を認めたポイントは、被告人Ａには、ａスプリンクラー設備または防火区画を設置する義務、ｂ防火管理者を指揮監督して消防計画を作成させ、これを従業員らに周知徹底させる義務、ｃ消防計画に基づく消防訓練や消防用設備等の点検・維持管理等を行わせる義務など防火管理体制を確立しておくべき義務があったのに、これを怠ったことに起因して宿泊客らに死傷の結果を発生させたことにあるのです。

②　被告人Ｂの場合

第一審が被告人Ｂの防火管理責任として業務上過失致死傷罪の成立を認めたポイントは、被告人Ｂは、防火管理者として、ａ消防計画の作成、ｂ消防訓練の実施、ｃ防火戸の点検・維持管理等の防火管理業務を適切に実施する義務を負い、かつ、その履行が十分に可能であったのに、これを怠ったため、火災の拡大を防止することができなかったうえ、避難誘導等の不手際に起因して宿泊客らに死傷の結果を発生させたことにあるのです。

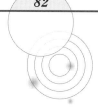

蔵王観光ホテル火災事件

（山形地裁昭和60年5月8日判決〔業務上過失致死傷被告事件〕—確定）

ア　事件の概要

　この火災は、昭和58年2月21日㈪午前3時30分ごろ、山形市蔵王温泉2番地にある蔵王観光ホテルの本館2階男子洗面所付近から出火し、本館、別館および隣接の旅館など7棟が全半焼しました。出火原因は、電気配線の一部が過熱して発火したものですが、出火当時、自動火災報知設備の受信機の音響スイッチが切られていたために、逃げ遅れた宿泊客やホテルの従業員ら計11名が焼死し、宿泊客2名が負傷しました。

　このため、同ホテルの代表取締役は、ホテルの経営者（管理権原者）、かつ、防火管理者として自動火災報知設備を常に作動し得る状態におくよう管理し、また、火災発生時に避難経路等の周知徹底を図るべき業務上の注意義務があるのに、これを怠った防火管理責任として業務上過失致死傷の責任（刑法第211条）を問われ、起訴されました。

　裁判の結果、被告人は、山形地方裁判所から禁錮2年（執行猶予3年）の刑が言い渡され、確定しています。

イ　判決理由の要点

　本件火災事件の判決で、被告人に業務上過失致死傷の刑事責任（刑法第211条）が認められたポイントは、被告人は、ホテルの経営者、防火管理者として、自動火災報知設備を常に作動し得る状態にしておくように管理すべき業務上の注意義務を負っており、しかも、自動火災報知設備の各音響スイッチの状態を確認することは極めて容易であったのに、その確認を怠り、断の状態にあったことを見逃した過失に起因して宿泊者らに死傷の結果を発生させたことにあるというのです。

　なお、本件火災の場合、避難経路を熟知しているはずの従業員でさえも

死亡していることから、避難経路等を宿泊客に説明しなかったことと死傷の結果との因果関係には疑問があるとしながらも、被告人が自動火災報知設備の管理を怠ったという過失は、被告人に対し刑事責任を問うための必要、かつ、十分な条件ということができると判示しています。

伊豆熱川「ホテル大東館」火災事件

（静岡地裁沼津支部平成5年3月11日判決〔業務上過失致死傷被告事件〕—確定）

ア　事件の概要

　この火災は、昭和61年2月11日㈫午前1時47分ごろ、静岡県賀茂郡東伊豆町にある「ホテル大東館」の別館「山水」（木造瓦葺3階建て、延面積約807㎡）の1階パントリー（配膳室）付近から出火しましたが、その際、同ホテルの自動火災報知設備の受信機の主ベルが一切鳴動しませんでした。

　このため、同ホテルの従業員は火災の発生を早期に覚知することができず、火災の発生を宿泊客に触れ回り、避難誘導することができないまま、火煙が拡大し、宿泊客23名と従業員1名が逃げ遅れて焼死しました。

　この火災事故で、同ホテルの実質的な経営者（専務）Aと防火管理者Bの両名が、防火管理義務を怠ったことにより宿泊客の死亡の結果を発生させたとして防火管理責任（業務上過失致死傷責任）を問われ、起訴されました。

　裁判の結果、被告人Aは禁錮2年の実刑、被告人Bは禁錮1年（執行猶予3年）の刑に処せられました。このうち、被告人Aは刑を不服として東京高等裁判所に控訴しましたが、その後控訴を取り下げましたので、両被告人の刑が確定しています。

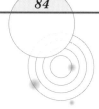

イ　判決理由の要点

　本件火災事件の判決で、被告人両名に業務上過失致死傷の刑事責任が認められたポイントは、次のとおりです。

㋐　被告人Aの過失責任

　被告人Aは、ホテルの実質的経営者（合資会社大東館の有限責任社員）として、自らまたは防火管理者を指揮監督して自動火災報知設備の受信機の主ベルをいつでも鳴動し得る状態にして、火災発生時の宿泊客らの生命の安全を確保しなければならない業務上の注意義務があったのに、日ごろからその義務を怠っており、特に火災の前日にも主ベルのスイッチが切られているのを知っていながらこれを是正する措置を講ずることを怠った過失に起因して、宿泊客らを死亡させた。

㋑　被告人Bの過失責任

　被告人Bは、防火管理者として、被告人Aと同様に自動火災報知設備の受信機の主ベルをいつでも鳴動し得る状態にして、火災発生時の宿泊者らの生命の安全を確保しなければならない業務上の注意義務があったのに、火災の前日に主ベルのスイッチが切られて鳴動しない状態になっているのに気付かず、何らの措置も講じなかった過失に起因して宿泊客らを死亡させた。

長崎屋尼崎店火災事件

（神戸地裁尼崎支部平成5年9月13日判決〔業務上過失致死傷被告事件〕—確定）

ア　事件の概要

　この火災は、平成2年3月18日㈰午後0時30分ごろ、兵庫県尼崎市内にある長崎屋尼崎店（物品販売店）の4階カーテン売場付近から出火（原因不明）したのですが、その際、4階および5階の北東側階段の各防火戸が

作動しなかったため、同店4階から5階に大量の煙が侵入充満し、かつ、当時同店4階にいた客および従業員等に対して、同階の避難誘導係が適切な避難誘導を行わなかったため、客および従業員等を早期に安全な場所に避難させることができませんでした。その結果、客および従業員等15名をいずれも一酸化中毒により死亡させるとともに、客2名に頭部打撲傷等の傷害を負わせることになったのです（従業員も4名負傷）。

この火災事故で、同店の店長（管理権原者）および総務マネージャー（防火管理者）が、いずれも防火管理義務を怠ったとして業務上過失致死傷の刑事責任（刑法第211条）を問われ、起訴されました。

裁判の結果、被告人両名は、いずれも禁錮2年6月（執行猶予3年）の刑に処せられ、確定しています。

イ　判決理由の要点

本件火災事件の判決で、被告人両名は、業務上過失致死傷の刑事責任が認められましたが、そのポイントは次のとおりです。

㋐　被告人店長（管理権原者）の過失責任

被告人である店長は、管理権原者として、防火管理者を指揮し、各階の防火戸が火災発生時に正常に作動するよう維持管理させ、かつ、従業員をして、消防計画に基づき各階の客および従業員等に対する適切な避難誘導訓練を行わせるなどして、万一出火した場合、火災の拡大による煙の伝達を阻止するとともに、客および従業員等を早期に安全な場所に避難させることができるよう万全の防火管理体制を確立すべき業務上の注意義務があるのに、いずれもこれを怠った過失に起因して火災発生時に店内の客等を死傷させた。

㋑　被告人総務マネージャー（防火管理者）の過失責任

被告人である総務マネージャーは、防火管理者として、各階の防火戸の前に商品やゴミ袋等の障害物を置かないようにして防火戸が火災発生時に正常に作動するように維持管理し、かつ、消防計画に基づき各階の客および従業員などに対する適切な避難誘導訓練を行うなどして、万一出火場合、火災の拡大による煙の伝送を阻止するとともに、客および従業員等を

早期に安全な場所に避難させることができるようにすべき業務上の注意義務があるのに、いずれもこれを怠った過失に起因して火災発生時に店内の客等を死傷させた。

新宿歌舞伎町ビル火災事件

（東京地裁平成20年７月２日判決〔業務上過失致死傷被告事件〕―確定）

ア　事件の概要

　この火災は、平成13年９月１日㊏午前０時50分ごろから午前０時55分ごろの間に、東京都新宿区歌舞伎町にある雑居ビル（明星56ビルと呼ばれている小規模の雑居ビルで、地下２階・地上５階建て、延べ面積516平方メートル）の３階エレベーターホール付近から出火（放火の疑い）したのですが、同ビルの階段やエレベーターホールに置かれていた大量の物品に燃え広がり、一酸化炭素ガスを含む多量の火煙が３階および４階の各店舗中に急速に流入しました。このため、３階の店舗「ＴＴ」の客および従業員合計17名が同店内で焼死ないし一酸化炭素中毒死し、４階の店舗「ＳＳ」の客および従業員合計27名が同店内で焼死ないし一酸化炭素中毒死するほか、３階の店舗「ＴＴ」の従業員３名が、非常用進入口を開けて逃げようとして、その前面を覆っていたビニール製宣伝用テントの裂け目から転落したり、あるいは、排煙窓のガラスを割って外に飛び降りたりするなどして負傷しました。

　この火災事故で、本件ビルを所有する有限会社Ｔ興産を実質的に経営する取締役Ｘ・同会社の代表取締役Ｙ、３階の麻雀ゲーム店「ＴＴ」の経営者Ｚ、Ｚを補佐する職務のＵ、同店の店長で防火管理者のＶおよび４階のクラブ「ＳＳ」の経営者Ｗが、防火管理上必要な業務を怠った過失に起因して客および従業員を死傷させた防火管理責任として業務上過失致死傷の刑事責任（刑法第211条）を問われ、起訴されました。

　裁判の結果、被告人Ｘ、Ｙ、ＺおよびＷは、いずれも禁錮３年（執行猶

予5年）、被告人Ｖは禁錮2年（執行猶予4年）の判決を受け、確定して
います。

　なお、被告人Ｕについては無罪となっています。

イ　判決理由の要点

　この判決で、各被告人に業務上過失致死傷の刑事責任が認められたポイ
ントは、次のとおりです。

㋐　被告人Ｘの過失責任

　被告人Ｘは、本件ビルの階段またはエレベーターホールから出火した場
合、可燃物に延焼して火災が拡大し、多量の火煙が発生するうえ、各店舗
の出入口に設置された防火戸が自動的、かつ、正常に閉鎖するのでなけれ
ば、火煙が営業中の各店舗内に急速に侵入し、その火煙が各店舗内の不特
定多数の客および従業員の生命・身体に危険を及ぼすおそれのある状況に
あることが予見できたのであるから、自らないし被告人Ｙをして、①Ｔ興
産自らまたは各店舗の関係者を指導するなどして同ビルの階段およびエレ
ベーターホールから出火および延焼の原因となる物品を撤去し、②Ｔ興産
自らまたは各店舗の関係者を指導するなどして、火災発生時に防火戸と連
動した各店舗の煙感知器が火災の発生を確実に感知する位置に設置された
状態で維持管理するとともに、防火戸が自動的、かつ、正常に閉鎖するよ
うに維持管理して、火災発生時において同ビル内の客および従業員の生
命・身体の安全を確保し、死傷者の発生を未然に防止すべき業務上の注意
義務があり、その義務の履行が可能であったのに、これを怠り、①同ビル
の階段およびエレベーターホールに置かれた出火および延焼の原因となる
物品を撤去しないまま放置し、②麻雀ゲーム店「ＴＴ」の店舗出入口の防
火戸に連動する同店舗内の煙感知器が二重天井に隠され、火災の発生を有
効に感知できない状態になっていたのに、その改善を怠るとともに、「Ｔ
Ｔ」および「ＳＳ」の店舗出入口に設置された防火戸の前にその閉鎖の障
害となる看板、アコーデオンカーテン等の物品が置かれていたのに、これ
らを除去しないまま放置した過失に起因して、同ビル3階のエレベーター
ホール付近から出火した際、可燃物に延焼して、急速に火災が拡大し、多

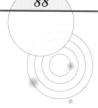

量の火煙を発生させたうえ、「ＴＴ」および「ＳＳ」の各店舗出入口の防火戸が自動的、かつ、正常に閉鎖しなかったため、各店舗内に火煙が急速に侵入し、各店舗内の客および従業員を死傷させた。

(イ) 被告人Ｙの過失責任

被告人Ｙは、自らないし被告人Ｘに進言して指示を仰ぎつつ、被告人Ｘと同様に、火災発生時において同ビル内の客および従業員の生命・身体の安全を確保し、死傷者の発生を未然に防止すべき業務上の注意義務があり、その義務の履行が可能であったのに、これを怠り、被告人Ｘと同様の過失に起因して、出火の際、前(ア)の場合と同様の原因で各店舗内の客および従業員らを死傷させた。

(ウ) 被告人Ｚの過失責任

被告人Ｚは、同ビルの階段またはエレベーターホールから出火した場合、可燃物に延焼して火災が拡大し、多量の火煙が発生するうえ、「ＴＴ」店舗出入口に設置された防火戸が、自動的、かつ、正常に閉鎖するのでなければ、火煙が営業中の同店舗内に急速に進入し、その火煙が同店舗内の不特定多数の客および従業員の生命・身体に危険を及ぼすおそれのある状況にあることが予見できたのであるから、自らないし被告人Ｕを介して被告人Ｖを指導監督しつつ、①同店舗の関係者らをして同ビルの階段エレベーターホールから出火および延焼の原因となる物品を撤去し、②同店舗の関係者らをして火災発生時に防火戸と連動した同店舗内の煙感知器が火災の発生を確実に感知する位置に設置された状態で維持管理するとともに、防火戸が自動的、かつ、正常に閉鎖するよう維持管理して、火災発生時において同店舗内の客および従業員の生命・身体の安全を確保し、死傷者の発生を未然に防止すべき業務上の注意義務があり、この義務を履行することが可能であったのに、これを怠り、①同店舗の従業員らによって同ビルの階段およびエレベーターホールに置かれていた出火および延焼の原因となる可燃物を除去しないまま放置し、②同店舗出入口の防火戸に連動する煙感知器が二重天井裏に隠され、火災の発生を有効に感知できない状態になっていたのに、その改善を怠るとともに、防火戸の前に閉鎖の障害となる看板等が従業員らによって置かれていたのに、これらを撤去しない

まま放置した過失に起因して前㋐の場合と同様の原因で同店舗内の客および従業員らを死傷させた。

㋓　**被告人Ｖの過失責任**

　被告人Ｖは、同ビルの階段またはエレベーターホールから出火した場合、可燃物に延焼して火災が拡大し、多量の火煙が発生して営業中の「ＴＴ」の店舗内に急速に侵入し、不特定多数の客および従業員の生命・身体に危険を及ぼすおそれのある状況にあることが予見することができたのであるから、自らないし被告人Ｕを介して被告人Ｚに進言して指示を仰ぎつつ、自らまたは同店舗の従業員らをして同ビルの階段およびエレベーターホールから出火および延焼の原因となる物品を撤去し、火災発生時において同店舗内の客および従業員の生命・身体の安全を確保し、死傷者の発生を未然に防止すべき業務上の注意義務があり、この義務を履行することが可能であったのに、これを怠り、同店舗の従業員らによって同ビルの階段およびエレベーターホールに置かれていた出火および延焼の原因となる可燃物を撤去しないまま放置した過失に起因して、出火の際、前㋐の場合と同様の原因で同店舗内の客および従業員らを死傷させた。

㋔　**被告人Ｗの過失責任**

　被告人Ｗは、同ビルの階段またはエレベーターホールから出火した場合、可燃物に延焼して火災が拡大し多量の火煙が発生するうえ、「ＳＳ」店舗出入口に設置された防火戸が自動的、かつ、正常に閉鎖するのでなければ、火煙が営業中の同店舗内に急速に侵入し、その火煙が同店舗内の不特定多数の客および従業員の生命・身体に危険をおよぼすおそれのある状況にあることが予見できたのであるから、自らないし同店の店長などを指揮監督しつつ、①同店舗の関係者らをして同ビルの階段およびエレベーターホールから出火および延焼の原因となる物品を撤去し、②同店舗の関係者らをして火災発生時に防火戸が自動的、かつ、正常に閉鎖するように維持管理して、火災発生時において同店舗内の客および従業員の生命・身体の安全を確保し、死傷者の発生を未然に防止すべき業務上の注意義務があり、この義務を履行することが可能であったのに、これを怠り、①同ビルの階段およびエレベーターホールには出火および延焼の原因となる可燃物

が同店舗の従業員らによって置かれていたのに、これを撤去しないまま放置し、②同店舗の出入口に設置された防火戸の前にその閉鎖の障害となるアコーデオンカーテン等が設置されていたのに、これらを除去しないまま放置した過失に起因して、出火の際、前(ア)の場合と同様の原因で店舗内の客および従業員を死亡させた。

6 消火妨害罪

ア 意義

消火妨害罪は、火災の際に、消火用の物を隠匿し、もしくは損壊し、またはその他の方法により、消火を妨害することによって成立し、1年以上10年以下の懲役の対象となります（刑法第114条）。

この犯罪は、公共危険の発生や拡大を促進する反社会的な行為であるため、刑が重くなっています。「火災の際」には、すでに火災が発生している場合だけでなく、火災が発生しようとしている場合も含まれます。火災の原因は、自己の責で発生したものであると他人の故意または過失によって生じたものであると誰の責任にもよらないで生じたものであるとを問わないとされています（通説）。

「消火用の物」とは、例えば、消防自動車、消防用ホース、消火栓、消火器、消火用バケツ、貯水槽などをいい、公有のものであると私有のものであるとを問いません。「隠匿」とは、消防用の物の発見を不可能または困難にするような行為をいい、「損壊」とは、消火用の物を傷つけたり、壊したりしてその機能（効用）を失わせたり（例えば消防用ホースの切断等）、あるいは低下させる行為（例えば消火ホースに穴をあけて漏水させ、送水圧力を低下させる行為など）を指します（東京地裁昭和37年8月17日判決）。「その他の方法」には、火災の際に隠匿や損壊以外の消火活動を妨げる一切の行為が含まれます。例えば、火災の際に消火栓上に自動車を駐車して消防隊員の消火活動を妨げたり、消防車の発進を妨げたり、あ

るいは消火活動に従事する消防隊員に対して暴行を加える場合などがこれにあたります。「消火を妨害する」とは、消火に障害（支障）を生じさせるおそれのある行為のことです。

イ　消火妨害罪の性質

消火妨害罪は、火災の際に消火を妨げる行為があれば消火に支障を生じさせる危険（おそれ）があるとして直ちに犯罪が成立し、妨害行為によって現実に消火が遅延したとか、火災が拡大したとかといったような実害が発生することを必要としないのです。このような犯罪のことを危険を生じさせることによって成立する犯罪という意味で、「危険犯」といいます。

ウ　消防法上の消火活動等妨害罪と消火妨害罪との関係

消防法上の消火活動等妨害罪は、「消防団員が消火活動又は水災を除く他の災害の警戒防御及び救護に従事するに当たり、その行為を妨害する」ことによって成立し、2年以下の懲役または100万円以下の罰金の対象となります（消防法第40条第1項第2号）。「消火活動」とは、消火のための活動のことで、放水または消火器の使用およびこれらに伴う排煙、照明、破壊等の活動を指します。「水災」とは、洪水および高潮を指し、「他の災害」とは、暴風、竜巻、豪雨、豪雪、地震、津波、噴火、地滑りなどその他の異常な自然現象または爆発等のことです（災害対策基本法第2条）。

この規定は、刑法上の消火妨害罪（刑法第114条）の特別規定となっていますので、消防団員の消火活動を妨害した場合は、この規定が優先的に適用され、刑法上の消火妨害罪は適用されないことになります。

これに対し消防吏員（消防官）の消火活動を妨害した場合は、消火妨害に関する一般法である刑法上の消火妨害罪（1年以上10年以下の懲役）が適用されます。

以上のことから、消防団員の消火活動に対する妨害よりも、消防吏員（消防官）の消火活動に対する消火妨害の方が厳しく処罰されることになっています。

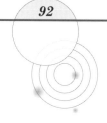

エ　消火妨害罪と公務執行妨害罪との関係

　火災の際に、消防吏員（消防官）の消火活動に対し暴行または脅迫の手段によって妨害した場合は、刑法第114条の消火妨害罪（1年以上10年以下の懲役）と刑法第95条の公務執行妨害罪（3年以下の懲役もしくは禁錮または50万円以下の罰金）の二つの犯罪が成立しますが、法定刑の重い消火妨害罪一罪として処罰されることになります（刑法第54条第1項前段）。

オ　消火活動等妨害罪と公務執行妨害罪との関係

　火災の際に、消防団員の消火活動に対し暴行または脅迫の手段によって妨害した場合は、消火活動等妨害罪（2年以下の懲役または100万円以下の罰金）と刑法第95条の公務執行妨害罪（3年以下の懲役もしくは禁錮または50万円以下の罰金）の二つの犯罪が成立しますが、法定刑の重い公務執行妨害罪一罪として処罰されることになります（刑法第54条第1項前段）。

カ　放火罪と消火妨害罪との関係

　放火によって火災を発生させた者が、その火災の消火活動を妨害した場合、その行為は、放火による火災を助長拡大させるための行為であるから放火罪に吸収され、放火罪として処罰されることになっています（松江地裁昭和52年9月20日判決）。

5 火災と民事責任

　火災と民事責任というのは、火災に関連して他人に違法に損害を与えた場合に、民法などの私法上損害賠償義務を負担すること、すなわち損害賠償責任のことです。これには、放火または失火によって他人に損害を与えた場合、建物などの工作物の設置や保存（維持・管理）の欠陥箇所から出火して他人に損害を与えた場合、火災発生時に工作物の保存（維持・管理）の欠陥に起因して他人に損害を与えた場合、未成年者のうち責任能力のない者（責任無能力者）が、放火や失火によって他人に損害を与えた場合の親などの賠償責任、被用者（従業員）の失火によって他人に損害を与えた場合の使用者（事業主）の賠償責任、契約上一定の債務（義務）を負っている者が火災によりこれを履行できなかった場合や契約により契約者の生命・身体および財産を護るべき債務を負っている者がこれを怠り、火災時に契約者に損害を与えた場合の賠償責任などのほか、ガスストーブなどの火気使用器具やテレビなどの電化製品の欠陥により出火した場合の製造者の賠償責任など色々のケースがあります。

1 不法行為による損害賠償責任（不法行為責任）

ア 不法行為

　「不法行為」というのは、故意または過失によって他人の権利等を侵害すること、すなわち、故意または過失によって違法に他人に損害を加えることなどを指しますが、ここでいう「過失」は、軽過失（通常の過失）でよいと解されています。そして、違法な行為と損害の発生との間に因果関係が認められる場合には、損害を加えた者（加害者）は、損害を受けた者（被害者）に対し損害を賠償する責任が生じます（民法第709条）。このことを不法行為責任といいます。

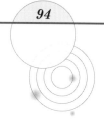

　このような不法行為責任の原則からいえば、例えば、誤って火災を起こし、そのために他人に損害を加えた場合には、出火者に軽過失がある限り損害賠償責任を負わなければならないはずです。

イ　不法行為責任と失火ノ責任ニ関スル法律

　ところが、この不法行為責任については、その例外を定めた法律として、「失火ノ責任ニ関スル法律」（明治32年3月8日法律第40号。以下「失火責任法」と略称）があります。この法律は、一つの条文だけで構成された短いもので、「民法第709条ノ規定ハ失火ノ場合ニハ之ヲ適用セス但シ失火者ニ重大ナル過失アリタルトキハ此ノ限ニ在ラス」と定め、失火者に重大な過失（重過失）があった場合に限って賠償責任を負い、軽過失（通常の過失）の場合は賠償責任が免除されることを明らかにしています。なお、失火責任法は、法文上、民法第709条の規定（不法行為による損害賠償責任）の適用を除外する原因として、出火者に「重大な過失」があった場合のみを掲げていますが、重大な過失よりも悪質性のある「故意」があった場合も、論理上当然に適用除外の対象となると解されています。

　したがって、誤って火災を起こし、他人の家屋に類焼させても、故意や重大な過失がない限り、失火責任法によって、法的には損害賠償責任がないことになります。

　ただし、借主が借家を過失によって焼失した場合は、借家を家主に返還することが不能となりますので、別途、民法第415条に定める債務不履行による損害賠償責任を負うことになります。なお、この問題については、後述の「(5)債務不履行による損害賠償責任」の項（105ページ）で改めて触れることにします。

　ところで、失火責任法にいう「重大なる過失」とは何かということが問題となるわけですが、この点について最高裁判所は、「通常、一般の人に要求される程度の相当な注意をしないでも、わずかな注意さえすればたやすく違法有害な結果を予見することができた場合であるのに、漫然これを見過ごしたような殆ど故意に近い著しい注意力の欠如の状態を指す。」（最高裁昭和32年7月9日判決）と判示しています。

　失火責任法の制度の趣旨は、制定当時、一般民家は木造長屋が多く、一たん火を出すと延焼して大火となり、予想外に大きな損害が生じたこと、失火者自身も財産を消失しているのに他人に与えた損害まで賠償することは不可能な状態にあったためと説明されています。

　しかし、消防用設備等の充実、耐火建築技術の進展、建築基準法令の規制の強化、消防機関における消防力の増強等が図られている現在では、失火者の責任を軽減する合理的な根拠が薄らぎ、いわゆる「もらい火の焼け損」という社会的不条理については批判が多いようです。

ウ　裁判例

㋐　失火責任法ただし書の重過失が認められた事例

　出火者に重大な過失があったとして失火責任法ただし書が適用され、不法行為による損害賠償責任が認められたものの一例として、次のような裁判事例があります。

① 　プロパンガスの販売業者の安易な点検ミスにより、プロパン容器のグランドナットの緩みからガスが噴出して火災となった事例（東京地裁昭和43年4月10日判決）

② 　東京都内の工場で相当量の揮発性引火性溶剤を使用したため、付近の石油ストーブの火が引火して火災となった事例（東京地裁昭和46年6月29日判決）

③ 　自転車修理販売業を営む店において、石油ストーブの上方の棚から自転車のチューブがずれてストーブの上に落下したため火災となった事例（東京地裁昭和47年7月18日判決）

④ 　主婦がガスコンロに天ぷら油の入った鍋をかけたまま台所を離れた間に天ぷら油にガスコンロの火が引火し、建物を焼失させた事例（東京地裁昭和51年4月15日判決）

⑤ 　アパートで、電気コンロを点火したまま就寝したため、ベッドからずり落ちた毛布に着火し火災となった事例（札幌地裁昭和53年8月22日判決）

⑥ 　店舗併用住宅の一部を賃借している主婦が天ぷら油を入れた鍋をガス

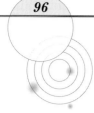

コンロで加熱したまま放置し、来客の応対をしていたため、天ぷら油に火が入って火災となり、賃借している居住部分を含む住宅を全焼した事例（東京地裁昭和57年3月29日判決）

⑦　プロパンガスの販売業者が転倒防止措置をとらずに設置したプロパンガスの容器が転倒し、ホースがはずれてガスが噴出したため引火爆発し、火災となった事例（福岡地裁昭和54年10月9日判決）

⑧　子供が台所に設置してあるプロパンガスの元栓を自殺の目的で開放し、居室内がガスで充満しているところ、起床した父親がたばこを吸おうとして点火したライターの火がガスに引火して火災となり、賃借建物および隣接建物が全焼した事例（横浜地裁昭和56年3月26日判決）

⑨　寝たばこをして火災を発生させた事例（東京地裁平成2年10月29日判決）

⑩　使用するガソリンを栓をしないままのビンに入れて燃焼中の石油ストーブに近接した足元の床に置いたため、ビンが倒れてガソリンがストーブに引火して火災が発生した事例（東京地裁平成4年2月17日判決）

(イ)　**失火責任法ただし書の重大なる過失に該当しないとされた事例**

出火者に重大な過失がなかったとして失火責任法本文が適用され、不法行為による損害賠償責任が認められなかったものの一例として、次のような裁判事例があります。

①　風は強くはないものの真冬の空気が相当乾燥した日に建物から約4メートル離れたところに穴を掘って落葉を燃やしていたところ、たまたま落葉を集めるために、しばらくその場を離れた間に火の粉が屋根に飛火し火災となった事例（最高裁昭和32年7月9日判決）

②　小火を消すため、消火用の砂を取りに行こうとして誤ってガソリン缶を転倒させ火災を発生させた事例（大阪地裁昭和41年9月6日判決）

③　そば屋のかまどの煙突がトタン張りの壁面から約12センチメートルの位置に設けられていたため、その煙突の輻射熱による長時間の過熱によって炭化していた壁面のトタン裏側の木ずりから発火し火災となった事例（東京地裁昭和46年11月27日判決）

④　救護施設を抜け出した不良児3人が倉庫の床下にもぐり込み、同倉庫

内で喫煙していたが、そのうちの1人が同所にあったカンナ屑に火をつけて遊んでいるうちに火勢が拡大し、倉庫および隣接する家屋を焼失する火災となった事件について、当時は倉庫の出入口には施錠されており、また不良児が倉庫の床下から倉庫内に侵入することは、当然に予測できたとはいえないとして倉庫の所有者の重過失が否定された事例（那覇地裁昭和50年6月28日判決）

⑤　クラブのホステスが深夜勤務を終えて木造共同住宅1階居室に帰宅し、ガスストーブに点火したままベッドに入って寝てしまったため、ベッドからずり落ちた掛布団にガスストーブの火が燃え移って火災となった事例（新潟地裁昭和53年9月23日判決）

⑥　木造2軒長屋式の建物で、風呂の空焚きから火災が発生した事例（東京地裁昭和50年9月23日判決）

⑦　仏壇のロウソクが倒れて失火した場合にロウソクの点火者およびその家族に重過失がなかったとされた事例（東京地裁平成7年5月17日判決）

⑧　電気器具の器具付きコードのプラグと室内の壁面に設置された電気配線のコンセントの接続部分（コネクター）に埃や湿気がたまることによって生ずるトラッキング現象が出火原因とみられる火災について建物の使用者の重過失が否定された事例（東京高裁平成11年4月14日判決）

⑨　飲食後、ガステーブルにアルミ製鍋をかけて点火した後に寝入ったため、アルミ製鍋を溶融変形するまで加熱し、ガステーブル周辺の可燃物に着火して出火させた火災で重過失が否定された事例（東京高裁平成14年2月28日判決）

　これまで説明してきましたのは、いわば一般的な不法行為に基づく損害賠償責任（一般的な不法行為責任）のことですが、このほか、火災に関連する特殊な不法行為責任の形態として、「責任無能力者の監督義務者等の損害賠償責任」（民法第714条）、「使用者責任」（民法第715条）および「工作物責任」（民法第717条）などがあります。

2 責任無能力者の監督義務者等の損害賠償責任

ア 責任無能力者の監督義務者等の損害賠償責任の意義

　火災との関連で、「責任無能力者の監督義務者等の損害賠償責任」というのは、例えば、幼児の火遊びで火災が発生し、このために他人に損害を与えた場合のように、責任無能力者（自分のしたことの善し悪しを判断する能力がないとみなされるおよそ12歳未満の未成年者、あるいは精神機能の障害により、是非、善悪を判断することができない者またはその判断に従った行動をすることができない者）が他人に損害を与えた場合には、当人自身は賠償責任を負いませんが（民法第712条、第713条）、そのかわり、親権者（両親など）とか未成年後見人（未成年者に両親などの親権者がいない場合または親権者が財産管理権をもたない場合に、未成年者を監護教育したり、その財産を管理する者）などの監督義務者や監督義務者に代わって監督する者（幼稚園の保母とか精神病院の医師など）がその監督義務を怠った場合などには被害者に対し、その損害を賠償しなければならないということです（民法第714条）。

イ 責任無能力者の監督義務者等の損害賠償責任と失火責任法との関係

　子供の火遊びなどによる失火の場合のように、責任無能力者の不法行為に対し、失火責任法が適用されるかどうかについては、従来、いろいろの見解が分かれて統一されていませんでした。したがって、裁判例もまちまちでしたが、平成7年1月24日の最高裁判所判決は、この種の失火について失火責任法を適用し、「監督義務者に未成年者の監督について重大な過失がなかったときは、賠償責任を免れるものと解するのが相当である」と判示し、この問題について決着をつけています。したがって、監督義務者

等に重大な過失があったと認められるときに限り、被害者に対し損害賠償
責任を負うことになります。

ウ　裁判例

　平成7年1月24日の最高裁判所判決以前において、責任無能力者の失火
について監督義務者の損害賠償責任が認められたものの一例として、次の
ような事例があります。

①　8歳の男児のマッチによる火遊びが原因で火災となり、賃借していた
　建物と建物所有者の家財が消失した事例について、民法第714条のみが
　適用され、監督義務者（親）に損害賠償義務があるとされた事例（福岡
　地裁小倉支部昭和47年1月31日判決）

②　5歳の子がローソクに火をともして押入れの中に入っているうちに、
　この火が新聞紙に燃え移って火災となった事故で、責任無能力者の行為
　から生じた火災には失火責任法の適用はなく、民法第714条がそのまま
　適用されるとして親の損害賠償責任が認められた事例（東京地裁昭和48
　年4月11日判決）

③　木造倉庫が小学1年生の火遊びから火災となり、倉庫と倉庫内に収納
　されていた商品が焼失したほか、隣接建物の一部にも延焼した事故につ
　いて、失火責任法が適用され、子供の火遊びに対する親の監督義務の懈
　怠は、重大な過失にあたるとして親の損害賠償責任が認められた事例
　（大阪高裁昭和56年4月15日判決）

3　使用者責任

ア　使用者責任の意義

　火災との関連で、「使用者責任」というのは、被用者（従業員）がその
事業の執行について、失火により他人に損害を与えた場合には、使用者が
その損害を賠償する責任を負わなければならないということです（民法第

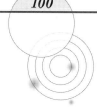

715条第1項本文)。ただし、使用者が被用者の選任や事業の監督につき相当の注意をしたときまたは相当の注意をしたにもかかわらず損害が生じたときは、賠償責任を免れます(同条同項ただし書)。

イ　使用者責任と失火責任法との関係

ところで、被用者の失火によって、他人に損害を与えたような場合に、失火責任法が適用されるかどうかについては、判例・学説(通説)ともに失火責任法の適用を認めていますが、被用者に対する使用者の選任監督上の注意義務については、失火責任法の適用を否定しています(最高裁昭和42年6月30日判決)。したがって、使用者は、被用者が重過失によって失火し、他人に損害を与えた場合には、使用者の選任や監督に重過失がなくても(通常の軽過失の場合であっても)、損害賠償責任を負い、被用者の失火に重過失が認められない場合には使用者の損害賠償責任が免れることになります。

ウ　裁判例

被用者の失火に重過失があったとして使用者の損害賠償責任が認められたものの一例として、次のような裁判事例があります。

①　被用者である公衆浴場のボイラーマンが、焚口を離れて番台で雑談中に、焚口から落ちた火の粉が床に散乱していた紙屑に着火して火災となり、隣家に延焼した事故について公衆浴場の損害賠償責任が認められた事例(最高裁昭和42年6月30日判決)

②　住宅の建築を請け負っていた建設会社の雇人(大工)が火災警報発令中であったにもかかわらず、漫然とたばこをくわえたまま未完成の建物の屋根にあがり、周辺の山林に起きた山火事を見物しているうち、たばこの火を屋根に張ってあったルーヒングと杉皮の上に落としたため燃え広がり、同建物と隣接する共同住宅が全焼した事故につき、会社の使用者責任が認められた事例(名古屋地裁昭和42年8月9日判決)

③　会社の支店長が石炭ストーブの残火のある灰をダンボール箱に投棄したため、中にあった紙屑が燃えだし、その結果、その会社の建物のほ

か、隣接する建物一棟を全焼させた事故につき、会社の損害賠償責任が認められた事例（札幌地裁昭和51年9月30日判決）

④　ドラム缶を利用して「おが屑」を焼却しているうちに飛火したのが原因で出火した火災につき、焼却作業に従事していた者の重過失が肯認され、使用者の賠償責任が認められた事例（東京高裁昭和58年3月30日判決）

⑤　業務用オーブン付ガスレンジの熱が壁面に伝わり、火災が発生した事故につき、ガスレンジを設置した業者の従業員に重過失があったとされ、その業者に使用者責任が認められた事例（東京地裁昭和61年12月18日判決）

⑥　ストーブに給油中、カーペットに相当量の灯油をこぼしたが、これを十分に拭き取らないまま、先の方が燃えている紙の火をもみ消したため、火の粉等がカーペットの上に落ちたのち、漫然とその場を離れるなどして火災を発生させた従業員に重過失が認められ、会社の使用者責任が肯定された事例（東京地裁平成元年10月19日判決）

⑦　マンションの解体工事現場において、アセチレンガス切断機で鉄骨切断作業中、飛散した高温の溶融塊により発火し、隣家に延焼した場合につき、作業員および監督者には重過失があったとされた事例（宇都宮地裁平成5年7月30日判決）

⑧　プレハブ建物の解体工事で使用したアセチレンガス切断機からの火花によって引火し、延焼した場合の工事者および下請業者に重過失が認められた事例（横浜地裁平成12年1月12日判決）

4 工作物責任

ア　工作物責任の意義

　火災との関連で、「工作物責任」というのは、土地の工作物の設置や保存（維持・管理）の瑕疵（欠陥）に基づく出火によって他人に損害を与え

た場合、あるいは他の原因で出火した際、工作物の設置や保存の瑕疵によって他人に損害を与えた場合には、その工作物の占有者または所有者は、被害者に対しその損害を賠償しなければならないということです（民法第717条第1項本文）。ここで「設置または保存の瑕疵」とは、工作物がその種類に応じて通常備えるべき安全性や設備を欠くことですが、近時の判例の傾向としては、特に危険な工作物については、損害の発生を防止するために必要な設備を有していない場合、あるいは工作物の安全を維持するために一定の作為義務や危険防止義務を尽くさなかった場合にも瑕疵があるとみているようです。

ところで、このような瑕疵によって損害賠償責任が生ずるためには、瑕疵に起因して損害が生じたこと、すなわちこのような瑕疵があれば、通常このような損害が起こり得るという関係があることが必要とされています。

損害賠償責任を負うのは、第一次的には損害の発生を直接防止できる立場にいる占有者ですが、占有者が損害の発生を防止するために必要な注意を尽くしたことが証明されたときはその責任が免除され、第二次的に所有者が賠償責任を負うことになっています（同条同項ただし書）。この場合、所有者は、たとえ無過失であっても責任を負わなければなりませんから、民法第717条の規定は、所有者の無過失責任規定といわれています。

イ　工作物責任と失火責任法との関係

失火責任法は、失火者に重過失が認められない限り、不法行為として損害賠償責任を負わないと定めていますが、民法第717条の工作物責任との関係については何ら触れていません。

そこで、工作物の設置・保存の瑕疵により出火し、他人に損害を与えた場合等の工作物責任に失火責任法が適用されるのかどうかについて問題となりますが、これについては、学説・判例上種々の見解が分かれています。すなわち、①工作物の設置・保存について失火責任法を適用し、重過失がなければ賠償責任がないとするもの（失火責任法はめ込み説）、②民法第717条のみを適用し、失火責任法の適用を排除するもの（工作物責任

優先説）、③工作物から直接生じた火災については民法第717条のみを適用し、そこから延焼した部分については失火責任法も適用するというもの（直接火災・延焼部分区別説）などいろいろな見解に立脚した裁判例がみられますが、工作物責任優先説に立つ裁判例が優勢を占めているようです。

ウ　裁判例

　工作物の設置・保存の瑕疵により火災が発生し、または同瑕疵により人命に危害が及んだり、火災が拡大したとして損害賠償責任が認められた一例として、次のような裁判事例があります。

①　木造２階建ての旅館に設けられていた炊事・浴場用温水ボイラーの鉄製煙突の土台とその結合部分がブロックで形成され、その隙間はモルタルで埋め込まれていたが、長時間の加熱によりモルタル内の木製門柱に着火して火災となり、宿泊客女性２人が焼死した事故につき、「モルタル内に門柱を入りくんでいたことは、火災危険の大きいボイラーの設置・管理に瑕疵があり、また、不特定多数の者が宿泊する旅館において、法定の消防用設備が未設置であったことは、火災に対する安全設備を著しく欠いた瑕疵がある」とされた事例（東京地裁昭和43年２月21日判決）

②　雑居ビルの２階部分を賃借しスナックを営んでいる店舗から出火して２・３階部分を焼失し、客および従業員11名が死亡、３人が負傷するという火災が発生したが、その原因は、店舗内に設けられたＳ字型トンネル上部の屋内配線の漏電であった。この火災事故につき、「ビルの所有者は、火災が発生したときに備え、容易に外部に避難することができるようにするため、すでに設けられている出入口とは別に、開口部（非常口、非常階段、窓等）を設けておくべきであったが、これを怠ったことには設置・保存の瑕疵があり、また、スナックの経営者が店舗部分に可燃性の内装材でＳ字型トンネルを設けたことは、賃借部分の設置・保存の瑕疵にあたる」とされた事例（新潟地裁昭和58年６月21日判決）

③　２階共同住宅兼工場の１階部分から出火し、同建物が焼失するととも

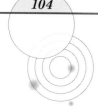

に、２階部分に居住していた者が死傷した事故につき、工作物の設置・保存の瑕疵により直接生じた火災については、失火責任法の適用がなく、本件火災は、工場経営者の工作の設置・保存の瑕疵により生じたもの、すなわち工場内に設置されているヒーターの動力線がスイッチボックスに接し、しかもアースが不完全であったため、電流が露出配管のガス管に流れてスパークし、ガス管が損傷して同損傷部分から噴出したガスに引火したものである。また、同建物の所有者も十分な消火避難設備を設置しないまま、工場経営者に工場等を使用させていた重過失があるとして、民法第717条の工作物責任（損害賠償責任）があるとされた事例（東京地裁昭和40年12月22日判決）

④　高圧電線の電柱が強風のために倒壊し、高圧電線が家屋（納屋）の屋根にショートして火災となり、物品を持ち出そうとして納屋に入った３名の者が死亡した事故につき、本件火災は、高圧電線の電柱が腐触していたために強風により倒壊し、家屋の屋根にショートして火災となったものであるから、工作物の設置・保存に瑕疵があった。また、民法第717条にも失火責任法が適用されるが、電力会社の工作物の設置・保存には重過失が認められるから、民法第717条に基づく工作物責任として損害賠償責任があるとされた事例（大阪高裁昭和44年11月27日判決）

⑤　組立式サウナ風呂が、構造上の欠陥により発火し、同サウナ風呂を使用していたサウナ浴場が火災となり、サウナ風呂の客３名が死亡した事故につき、組立式サウナ風呂の開発・製作に関して、火災の発生を未然に防止すべき注意義務を怠ったこと、同組立式サウナ風呂の改修義務があることを理由として、開発・製作に関与した会社および同会社の代表取締役ならびに取締役に対し、民法第709条に基づく不法行為としての損害賠償責任のほか、サウナ浴場を経営する会社の代表取締役および同サウナ浴場を賃貸した会社に対し、サウナ浴場の設置・保存に瑕疵があったとして民法第717条の損害賠償責任を認めた事例（東京地裁昭和55年４月25日判決）

5　債務不履行による損害賠償責任（債務不履行責任）

ア　債務不履行責任の意義

　火災との関連で、「債務不履行責任」というのは、例えば、賃借人がアイロンの不始末で借家を焼失し、賃貸人（家主・大家）に借家を返還することができなくなった場合やこれと反対に賃貸人の失火により貸家や貸室を賃借人に提供することができなくなった場合などのように、賃貸借契約等の契約上の一定の債務（契約上の義務）を負っている者（債務者）が、故意または過失（軽過失）により、その義務を履行することができなくなった場合に債務者に負わされる損害賠償責任のことです（民法第415条後段）。この場合の過失（軽過失）というのは、いわゆる善良な管理者の注意義務（善管注意義務）に違反した場合、すなわち債務者の職業、社会的地位等から判断して、一般に要求される程度の注意を怠った場合と解されています。

　ところで、この債務不履行責任は、債務者の妻や家族等の同居人、被用者（使用人）などの履行補助者の故意または過失によって債務を履行することができなくなった場合も債務者の責任として扱われます（最高裁昭和30年4月19日判決）。

　なお、債務不履行責任は、失火による賃貸借契約の債務不履行の場合に多くみられますが、このほか、売買契約、雇用契約、請負契約、ガス供給契約などの債務不履行の場合にも起こり得る問題です。

イ　債務不履行責任と失火責任法との関係

　さきに、過って火災を発生させ、他人に損害を与えたとしても、過失の程度が重大な過失（重過失）と認められない限り、失火責任法により失火者は損害賠償責任を負わないといいましたが、この失火責任法というのは、失火による不法行為責任（故意または過失によって違法に他人に損害

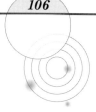

を与えた場合等の損害賠償責任—民法第709条）についての例外（特例・特則）を定めた特別法ですから、失火による債務不履行責任については適用されません（最高裁昭和30年3月25日判決、最高裁昭和30年4月19日判決等）。

したがって、債務者が失火による債務不履行によって債権者に損害を与えた場合には、過失の程度が軽過失であっても債権者に対し損害賠償責任を負うことになります。例えば、賃借人が過って火災により借家を焼失した場合、そのこと自体不法行為となりますが、失火責任法との関係で賃借人に重過失が認められない限り、不法行為としての損害賠償責任は生じません。しかし、貸主との賃貸借契約に基づき、借家等を貸主に返還することができなくなった場合には、軽過失による失火の場合であっても債務不履行責任として損害賠償責任を負うことになるのです。

建物の一部を賃借している賃借人の失火により、その建物の賃借部分以外に延焼した場合に、賃借人は延焼部分についても債務不履行責任を負うか否かについては判例上一定せず、これを肯定する判例（東京高裁昭和40年12月14日判決、大阪地裁昭和54年3月26日判決等）と否定する判例（大阪地裁昭和54年7月20日判決、横浜地裁昭和56年3月26日判決等）があります。賃借部分以外への賃借人の責任を否定した判例は、失火責任法の趣旨を重視するもの、肯定した判例は、建物が不可分で一体であることを理由にしているとされています。

なお、賃借人の失火により、賃借部分を焼失するほか、賃貸人所有の建物以外の隣家に類焼した場合、隣家の所有者等に対しては債務不履行の関係が生じませんから、失火責任法の適用を受け、重過失が認められない限り、不法行為責任としての損害賠償責任は生じないとされています。

ウ　裁判例

賃借人の失火により、賃貸人（家主）に対し賃借部分の返還義務を履行できなくなった場合、賃貸人の失火により賃借人（借主）に対し居室等の提供義務（使用収益させる義務）を履行できなくなった場合、あるいはその他の契約上の債務不履行によって損害賠償責任が認められた一例とし

て、次のような裁判事例があります。

〈借主側の失火の場合〉

①　借家人の妻の失火（電気コンロの使用放置）により賃借家屋が全焼したため、賃借人である夫が賃貸人に対し賃借家屋を返還することが不能となった火災事故につき、家屋賃借人の妻の失火により賃借家屋が全焼し、滅失したときは、賃借人である夫の責任により賃借物の返還義務が履行不能になったものと認めるべきであるとして、賃借人の債務不履行責任が認められた事例（最高裁昭和30年4月19日判決）

②　Aの賃借した店舗部分から出火し、賃借部分を含め、他の22店舗を焼失した火災事故につき、「Aは店舗を使用するにあたり善良な管理者としての注意義務（一般人に要求される普通の注意義務）を尽さなかったので、Aには家主に対し債務不履行責任があるが、Aの賃借部分以外の物件の焼失には失火責任法の適用があり、Aには重過失が認められないから賠償責任はない」とされた事例（東京地裁昭和51年3月31日判決）

〈貸主側の失火の場合〉

①　居宅の一部を自ら使用し、他の部分を賃貸していた家主（貸主）の失火により、建物および賃借人の家財等を焼失させた火災事故につき、「一棟の建物の一部を賃貸している場合は、家主は、賃貸部分のみならず、これと密接な関係にある非賃貸部分についても管理上十分な注意を払うべき協力義務があり、家主には、債務不履行責任がある。また債務不履行の場合には、失火責任法の適用はなく、家主には少なくとも軽過失が認められる」とされた事例（東京高裁昭和49年12月4日判決）

②　アパートの家主の妻の火の不始末（天ぷら油の入った鍋をガスコンロにかけたままその場を離れたため、煮沸した天ぷら油が引火）により建物が全焼し、賃借人の家財等を焼失させた火災事故につき、「家主の妻は、火災の発生を容易に予見できたものであり、重大な過失があったといえる。また、家主は、賃貸人として本件アパートを賃借人に使用収益させる義務を負担しており、本件火災により義務の履行が

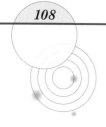

不能となったのであるから、債務不履行責任がある」とされた事例
（東京地裁昭和51年4月14日判決）

③　工務店の作業場兼住宅として使用されていた建物（軽量鉄骨造2階
建て）の2階6畳間一室を賃借し居住していた大学生が、作業場で作
業していた当該工務店の従業員らの不始末（1階の作業場の休憩室に
設置されていた薪ストーブの焚口に、従業員らが木屑等を投げ入れて
点火し、焚口を開扉したまま休憩室を離れたため、焚口から火の粉な
いし燃えたままの木片がこぼれ、付近の可燃物に燃え移ったものと認
められる）により、逃げ遅れて一酸化炭素中毒により死亡した火災事
故につき、①建物の賃貸人は、賃借人に対して賃貸物を賃貸目的に従
って支障のないように使用させる義務がある。②建物の賃貸人である
建物の所有者（工務店の代表者）は、1ケ月に1回位の割合で作業場
に出入りしていたことが認められ、火災危険について知っていたと考
えられることから、自らは勿論、従業員らを指示、監督して火災を起
こさぬようにする注意義務があるのにこれを怠った。③建物の所有者
は、建物の管理、保存上、消火・防火設備を設け、火災の拡大防止に
つき有効な措置をとるべき義務を怠ったとして、賃貸借契約上の債務
不履行としての損害賠償責任があるとされた事例（山形地裁米沢支部
昭和54年2月28日判決）

エ　売買契約上の債務不履行責任が認められた事例

　ガスレンジの注文を受けた業者が、中華料理店に営業用のガスレンジを
製作納入するに際し、レンジの後部に排気孔があるため、レンジの背部の
壁との間を約10センチあけて設置したが、中華料理店に対してその点の火
気保安上の注意を与えなかった。そのため、レンジと背後の壁との隙間を
ふさいで火気を使用してしまったことにより、排気の熱気が後部空間にこ
もって、納入後1年10ケ月後に出火し、中華料理店らの所有する家屋、家
財道具を焼損した火災事故につき、「本件のように業務用ガスレンジとい
う火力を使用する危険な製品の製造納入をするメーカーは、製品の納入に
際し、その安全な使用方法を十分に指示説明すべき契約上の義務を負い、

これをしなかった場合には、これによって生じた損害につき、債務不履行（不完全履行）責任を負担するものと解すべきである」とされた事例（前橋地裁高崎支部昭和47年5月20日判決）。この判決は、売買契約上の義務の内容として、製品の安全な使用についての指示説明義務があることを明確にしたものとされています。

6 製造物責任

ア 製造物責任の意義

「製造物責任」というのは、製造業者等の引渡した製造物の欠陥により、他人の生命、身体または財産を侵害した場合に、製造業者等がこれによって生じた損害を賠償しなければならない無過失責任（過失がなくても負わなければならない責任）のことですが、その損害が製造物についてのみ生じたときは賠償責任が免責されます（製造物責任法第3条）。

製造物責任は、製造業者等の故意・過失の有無に関係なく、製造物の欠陥という客観的な要件のみによって損害賠償責任を負担させようとするものですから、民法上の一般的な不法行為責任（民法第709条）の特則（例外）を定めたものとされています。

製造物責任を負う者は、原則として、その製造物を業として製造、加工または輸入した「製造業者」ですが（製造物法第2条第3項第1号）、製造物に製造業者と誤認させるような氏名等の表示をしたり、消費者に対し実質的な製造業者と認めることができる表示をした者も責任を負うことになっています（同法第2条第3項第2号・第3号）。

「製造物」とは、製造または加工された動産のことですが（同法第2条第1項）、「製造」とは、一般に、原材料に手を加えて新たな物品をつくり出すことをいい、「加工」とは、動産を材料としてこれに工作を加え、新たな価値を加えることを指します。したがって、修理、修繕や整備などは、製造や加工にあたらないことになります。「動産」とは、不動産（土

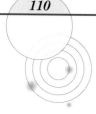

地や建物など）以外の全ての有体物と定義されています（民法第85条、第86条）。したがって、火災に関連する動産としては、一般に、火災を発生させる危険性のある電気ストーブ、電気コタツ、石油ストーブ、ヒーター、ガスレンジなどはもとより、プロパンガス容器、テレビなどの動産が製造物に含まれます。「欠陥」とは、当該製造物が通常有すべき安全性を欠いていることを要件としていますから、生命や身体等の安全性に関わりのないような欠陥、例えば、テレビの映りが悪いとか音声の調子が悪いというようなことは、ここにいう欠陥には該当しないことになります。なお、このような欠陥は、製造業者等が製造物を引渡した時点、つまり製造業者等の支配を離れた時点において存在したものに限られ、引渡した後の流通の過程において何らかの原因で生じた欠陥については、賠償責任の対象とならないとされています。「欠陥により」とは、製造物の欠陥と損害との間には相当因果関係が存在すること、すなわち、このような欠陥があれば、通常このような損害が発生し得るという関係がなければならないということです。「損害」は、他人の生命、身体または財産を侵害したものでなければなりませんから、精神的な損害については、ここにいう「損害」には含まれないものと解されます。「その損害が当該製造物についてのみ生じたときは、この限りでない」とは、損害が当該製造物自体のみにとどまり、他に拡大していない場合は、製造物そのものの欠陥として、損害賠償責任の対象とならないということです。製造物そのものの欠陥は、たんに品質上の欠陥に過ぎず、そのような欠陥のある製造物そのものの損害は、製造業者等の瑕疵担保責任（売買の目的物に隠れた欠陥がある場合に、売主が買主に対して負う担保（補償）責任のことで、隠れた欠陥とは、通常人が発見できないような欠陥のこと。―民法第570条、第566条）、あるいは売買契約上の債務不履行責任（民法第415条）として売主に対し損害賠償を請求すれば足りるからです。

　以上のような製造物責任の考え方からすれば、欠陥製品によって被害を受けた消費者は、メーカーの過失を立証できなくても、製品の欠陥さえ立証できれば損害賠償を請求することができるのです。例えば、テレビを見ていたところ、突然テレビから火が出て、火災となったような場合、通

常、その原因がテレビの構造上の欠陥であるとしてテレビのメーカーに対し従来よりも容易に（メーカーの過失を立証する必要がないという点において）損害賠償を請求することができるしくみになったわけです。

イ　製造業者等の免責事由

製造物法は、すでに触れたように、製造物の欠陥によりユーザー（使用者）に損害を与えた場合、製造業者は過失の有無にかかわらず被害者に対し損害賠償責任を負うという製造物の欠陥に基づく無過失責任を認め、被害者の救済を図っているのですが、例外として、次のような免責事由を定めています（製造物責任法第4条）。

㋐　開発危険の抗弁（同条第1号）

「開発危険の抗弁」とは、製品に欠陥があっても、その製品を引き渡した当時の科学技術の水準では、その欠陥を認識することができなかった場合には、たとえ欠陥に起因して損害が生じたとしても、製造業者（メーカー）は、製造物責任としての損害賠償責任が免れるというものです。つまり、製造業者は、あくまでも製品を引き渡した段階での科学技術水準を守っている限り賠償責任が免除されるというのです。ただし、ここにいう科学技術の水準とは、当時（引渡当時）の世界最高の水準を意味するものと解されています。

また、製品の欠陥を認識できなかったことについては、製造業者側において積極的に証明しなければならないのです。したがって、この免責事由は、可成り厳しい要件となっています。

なお、この免責事由は、製造業者の開発意欲を妨げないための政策的な配意に基づく規定とされています。

㋑　部品製造業者の抗弁（同条第2号）

製品に使用されている部品や原材料の欠陥が専らその製品の製造業者からの設計指示に起因する場合には、部品・原材料の製造業者は、原則として、損害賠償責任が免責されます。ただし、部品・原材料の製造業者が製品の製造業者の設計指示に従ったこと自体に過失があった場合には免責されないことになっています。例えば、部品・原材料の製造業者側がその部

品や原材料の用途を認識しており、そのような使われ方が製品にとって欠陥となることが予見できるような場合がこれにあたります。

　なお、この免責事由は、部品や原材料の製造業者が比較的小規模であることに配意したいわゆる中小企業保護のための政策的な規定とされています。

ウ　製造物責任法と失火責任法との関係

　製造物の欠陥に起因した火災事故が発生した場合、失火責任法の適用があるのかどうかが問題となりますが、製造物責任法は、本来、欠陥製品によって損害を受けた被害者の保護・救済を目的とし、そのために製造業者等の無過失責任を認めているのですから、製品の欠陥に重過失がなければ損害賠償責任がないとした失火責任法を適用したのでは、製造物責任法の立法趣旨が没却され、その目的を達成することができないとする理由、あるいは資本や技術力があり、製品の製造販売によって利益を得ている製造業者の責任を軽減して、製品を使用して損害を受けた消費者や第三者に犠牲を強いることは、不公平であるなどの理由から、製造物の欠陥に起因して火災事故が発生した場合、製造物責任法のみを適用し、失火責任法の適用を一切排除するいわゆる「製造物責任法優先適用説」が妥当な考え方とされています。

エ　製造物責任法に基づく損害賠償請求権の消滅時効

　製造物責任法に基づく損害賠償請求権は、被害者またはその法定代理人（親権者、後見人など）が損害および賠償義務者を知ったときから３年間のうちに行使しないときまたは製造業者等が製造物を引き渡した時から10年を経過したときに消滅します（製造物責任法第５条第１項）。したがって、例えば、製造物の引渡しがあった時から10年以上経過した時点で製造物の欠陥による被害が発生した場合には、製造物責任法に基づき製造業者等の無過失責任を追及することができず、民法第709条に基づく不法行為責任を追及するほかないことになります。しかし、この場合は、被害者

は、製造業者等の過失の存在を立証しなければならないむずかしさがあるのです。

オ　裁判例

○　カラーテレビ発火事件（大阪地裁平成6年3月29日判決）

　この事件は、製造物責任法が施行される以前のものですが、同法に関連のある事例ですので紹介しておきます。

　この火災事故は、ビル内の事務所の応接室に設置されていたカラーテレビから出火して同事務所を焼失し、さらに階下の店舗部分が消火のための放水により水損を受けたものですが、裁判所は、テレビの欠陥を認め、さらに過失が推認されるとして家電メーカーの製造物責任を認めています。

　本件テレビの欠陥および製造業者の過失に関する裁判所の判断の要点は、次のとおりです。

　「テレビは、利用者の所有に属したものであっても、その構造上、内部は利用者の手に届かない、いわばブラックボックスともいうべきものであって、……その安全性確保のために特段の注意を払わなければならない製品である……。それ故、製品としての性質上、テレビには合理的利用の範囲内における絶対的安全性が求められるというべきである。……本件テレビは、合理的利用中に発煙、発火したと認められるから、不相当に危険と評価すべきであり、本件テレビには欠陥が認められる。欠陥原因のある製品を流通においたことについて製造業者に過失のあったことが推認される……。」

　本件判決後に制定・施行された製造物責任法は、製造業者等の無過失責任を定めていますので、本件判決のように過失を推認する必要がなくなりましたが、被害者の救済という製造物責任法の立法趣旨から、テレビからの発火自体を欠陥と評価するという考え方は維持されてゆくものと思われます。

7 「火災をめぐる法律責任の諸相」に関する受講学生のリポート

　茨城大学工学部における「火災をめぐる法律責任の諸相」と題する私の講義について、受講学生からリポートが提出されましたので、参考までに、そのうちの10例について掲載しておきます（原文のまま）。本テーマに関する受講学生達の関心の程がうかがわれます。

ア　「多くの人にルールの理解を」

　今日、私は火災が発生することによって生じる多くの義務や責任があることを知った。それは、誰もが安全に、そして安心して生活するための規則である。だが、私を含めて多くの人々もこのルールを知らなかったし、まだ知らない人もいるであろう。火災の発生を事前に防いだり、通報したり、消火や延焼を防止したりするのは、そのルールを理解してこそ完全に成立するのだろうと思う。理解しようという意識がなかったり、薄かったりするのは、その人の周囲でそういった火災が発生していないからである。でも発生してからでは何の意味ももたない。だから私は、先生にもっと多くの講義をしてまわってもらいたい。そして、多くの人にルールを理解させ、火災を防止していって欲しい（メディア通信工学科2年次生）。

イ　「切実な願いが心に響く」

　火災という身近で興味深い題材であることから、楽しく拝聴させていただくことができ有意義であった。昔ながらのことわざを取り上げ、教訓として肝に銘じて欲しいという切実な願いが、心に響いた。火災の概念・程度・原因と進めていたが、原因の大要は私たちの普段の行動と深く関わっているので記憶しておきたいと思う。私も少量ながら喫煙しているので気を引締めたいと思う。

　法的な立場から見た火災がメインテーマであるが、特に教官が力を入れておられた刑事責任と業務に関わる失火罪の部分がおもしろい。ＰＬ法な

ど最近の法令にも絡めた説明により火災の法的責任の所在を知ったことは意義が深い。失火責任法と債務不履行による損害賠償責任を受け持つ民法による責任の違いや民法第709条は今後のために記憶しておきたい（情報工学２年次生）。

ウ 「火を安全に使用しながら生活していきたい」

今回の講義を聞いて、私たちは知らぬ間に、火災において法律上の責任や義務を負っているということを、初めて知ることができました。

私は今年から一人暮らしを始めたばかりで、火災という災害が一段と身近に感じられ、同時に火の管理における自分の責任も重く感じるようになりました。

そんな中で、今回の講義を聞き、火災についてさらに詳しく細かいところまで知ることができ、大変うれしく思います。

特に、自分が火災を起こした場合だけでなく、旅行先などで火災などの災害にあった時の対処法や、いい宿泊所の見分け方など、私たちが旅行する時に参考となる話までしていただいて本当におもしろかったです。

私はこれから先、今回の講義で聞いたことを活かし、火を安全に使用しながら生活していきたいと思います（電気電子工学科２年次生）。

エ 「身近な法律をもっと学びたい」

今まで、このような火災に関することや色々な法律などは、小・中学校の避難訓練のときなどに、ちょっとした話を聞くくらいだったので、初めて知ったことがたくさんありました。火災の原因のほとんどが人間の不注意であることが多いので、気をつけなければいけないと思いました。

また、消防法などの火災に関するいろいろな義務や責任があることにも驚きました。今日の講義で話していただいたいくつかの法は、普段生活している中で本当に知っておかなければならない事であるような気がしました。自分も今、アパートを借りて住んでいるので、火事の時の損害賠償責任などを今日の講義で聞いて「自分のアパートはどうなっているのかな、アパートの契約書を見ておかないと」と思いました。火災に限らず、普段

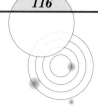

生活している中で、身近な問題を法律などではどう対処されているのか、などを、今日のような講義で、ぜひまた聞ける機会があったらいいな、と思いました（システム工学科３年次生）。

オ 「貴重な講義に感謝」

今回、茨城大学非常勤講師関東一さんの「火災をめぐる法律責任の諸相」を聞いて、火災とは何と恐ろしいということを改めて痛感しました。

何と言いましても、火災とは俚諺「地震・雷・火事・親父」に入っているくらいなのですから。火災の概念として、人の意図に反して発生、放火で発生する燃焼、爆発現象。火災の程度としては、全焼が建物の70％以上、半焼が20％〜70％、部分焼が10％〜20％、ボヤが10％未満。火災原因の大要としては、人の不注意、放火、タバコ、コンロなどであるなど、普通の授業では聞けないような貴重な講義を聞かせていただいて大変感謝しています。又、火災と民事責任の火災と債務不履行による損害賠償責任（民法第415条）として、アパートなどを燃やしてしまうと賃貸借契約の債務を履行できなくなるため損害賠償をしなくてはならないなど、アパートを借りている学生としては、大変ためになる講義でした（都市システム工学科２年次生）。

カ 「火事には気をつけなくては」

この講義を聞いて、まず思ったことは、"火事には気をつけなくては"ということです。アパートで火事を起こしてしまったら、失火責任法の面で免除されると思っていたら、やはり損害賠償責任を負わなくてはいけないと聞き、これは大変だなあと、改めて感じました。

また、旅館等でも、複雑な内部構造の所は危険である。ちゃんと下調べしてから泊まるなど、注意しなければならないと聞き驚きました。そういえば、私の地元の福島県でも、有名な温泉街のある旅館で火事が起こり、何人もの人がなくなり、つい最近、裁判で旅館のオーナーが業務上過失を素直に認めたというニュースを聞きました。

それから、火災を発見したときの通報義務や消火、延焼防止等の協力義

務など、普段あたりまえと思っていたことが義務となり、法律で定まっていることにも驚きました。

今回の講義を聞いて、火災について、いろいろ知ることができました。私も悔いのない人生を送りたいと思いました（情報工学科３年次生）。

キ 「参考になった『火災と刑事責任』」

幸い火災を体験したことはないが、毎日のようにある報道にその恐怖はいつも感じる。

今回の講義で、火災の法律上における用語の意味や責任のあり方を知ることができた。

火災を発見した者の通報義務、消火、延焼防止などの義務などが法律で定められているというのには驚いた。

最も参考になったのは、「火災と刑事責任」で、裁判例を元にした話で、非常に分かりやすく、また、現実にすぐありそうな例だったので興味も持てた。実際は、似ていても裁判の結果は場合によって微妙に変わるのだろうけれど、かなり参考になると思う。

民事裁判についても、賃貸借契約の場合など、かなり興味が持てる話であった。

火災は一生経験しないで済むことが理想ではあるが、自分が、友人が、または近所の人が火災に遭う可能性は常にある。そんな時に、今回の講義で得た知識を少しでもいかせれば、と思う（システム工学科３年次生）。

ク 「普段から火災の原因を意識して」

私達にとって一番身近な災害は「火災」であると考えられる。しかも火災とは、人々の財産や生命も奪ってしまうのです。

しかし、私達は普段の生活でほとんど火災を意識していません。今回のような機会がない限り、火災に関する法律を知らなかったかもしれません。

失火、重失火、業務上失火の違いや、これらの刑事責任などわかりやすい例で講義され理解しやすかったと思います。

　同じ火災で、同じような被害があっても原因により責任が違うことなど新しく学びました。火災を起こす原因は色々ありますが、一人一人が気をつければ起こらずに済む災害なのです。特に私達の年代ではタバコの投げ捨て、火の不始末など火災の原因が一番多いものです。火災の本当の恐ろしさは体験した人にしかわからないと思いますが、私達は普段から火災の原因を意識しなければならないと思います（情報工学科３年次生）。

ケ　「勉強になった損害賠償責任」

　今回の講義の内容は、私達にも身近な問題である火災についてのことだった。その中でも日本では、年間約６万件の火災が起きていて、その原因の大半が放火（疑い）、煙草、コンロ、たき火、火遊び……といった人為的、または、過失といった人の手によるものだということには、大変おどろきだった。

　やはり、一人一人が火災に対しての関心を持って、日頃から注意をすれば、未然に防げるのだから、意識をもって生活すべきだと思う。

　また、講義の中で、消防法・火災予防条例、そして、刑法・民法といった火災に際しての義務・責任・制限などについて話されていたが、どれも自分の知らなかったことだったので、感心したことが非常に多かった。中でも火災による損害賠償責任についての内容は、自分が今まで持っていた知識がまちがっていて、さらに新しいことも知ることができたので、勉強になった。

　私も、これから火・電気・可燃物を扱うときには、十分注意を払って、間違っても、火事を起こさないよう、生活していきたい（機械工学科２年次生）。

コ　「多くのことを気づかせてもらった講義」

　今までは、憲法や憲法により近い法律しか学んだことがなかったので、今回の講義で火災についての法律を知り、気づいたことがあった。それは、自衛隊法など直接自分に関わることのないような法律は知っているが、実際に生活のすぐ近くにある法律はほとんど知らないということだ。

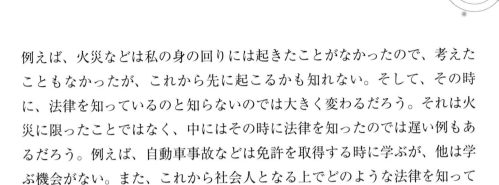

　例えば、火災などは私の身の回りには起きたことがなかったので、考えた
こともなかったが、これから先に起こるかも知れない。そして、その時
に、法律を知っているのと知らないのでは大きく変わるだろう。それは火
災に限ったことではなく、中にはその時に法律を知ったのでは遅い例もあ
るだろう。例えば、自動車事故などは免許を取得する時に学ぶが、他は学
ぶ機会がない。また、これから社会人となる上でどのような法律を知って
おくべきか、または知っておいた方が得か、それすらもよく分からないの
だ。

　今回の火災についての法律について言えば、失火と重失火の違いや、損
害賠償責任などは、まず知っておいた方が良いだろう。また、「重大な過
失による火災でなければ、他人の家に類焼しても損害賠償責任はない」な
どは私の考えていたことをくつがえすものだった。これは、自分が被害に
遭ったときなどのことを考えると知っておくべきであり、また、知ってい
れば火災保険には必ず入っておこうと考える。

　今回の講義では多くの事を気づかせてもらって本当に良かった。また、
このような機会があれば、是非聞こうと思う（情報工学科４年次生）。

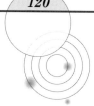

むすび

　以上、火災をめぐるいろいろの法律責任の問題について簡単に概観してきましたが、火災は、一般に私達の身のまわりにあまねく存在する可燃物と火気、そして人の行為（主として不注意）の組合せによって惹起されるものですから、すべて私達の生活に身近な問題なのです。とすれば火災をめぐる法律責任の問題もまた身近なものといえるでしょう。

　矛盾した言い方のようですが、「火災は恐ろしいけれど、決して怖いものではありません」というのは、火災は起きてしまえばたしかに恐ろしいものですが、変質者等による放火の場合は別として、火災の殆どは過失によってひき起こされるものである以上、ちょっとした注意によってたやすくこれを防ぐことができるはずだからです。

　古きことわざにいう「地震・雷・火事・親父（おやじ）」の教訓ではありませんが、防ぐことができたはずの失火によって悔いを残すことのないよう、そして、無用の法的責任を問われることのないよう、防災上安全で平和な生活を送りたいものです。

〔教鞭を執る著者〕

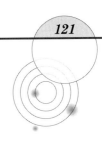

【参考・引用文献】（順不同・敬称略）

・野沢正充編「瑕疵担保責任と債務不履行責任」日本評論社

・群馬弁護士会編「火災の法律実務」ぎょうせい

・塩崎勤ほか編「実務不法行為法講義」民事法研究会

・木ノ元直樹「ＰＬ法の知識とＱ＆Ａ」法学書院

・山口正久「ＰＬ法入門」日本規格協会

・消防基本法制研究会「逐条解説消防法（第３版)」東京法令出版

・魚谷増男「消防の歴史400年」全国加除法令出版

・木下健治「火災・消防事件判例解説」全国消防協会

・東京消防庁総務部編「消防実務判例400選」東京防災指導協会

・関　東一「防火管理責任の基礎」近代消防社

・関　東一「消防刑法入門」近代消防社

・関　東一「消防関係行政・刑事判例の解説」近代消防社

・関　東一「消防活動の法律知識」近代消防社

・関　東一「火災調査の法律知識」近代消防社

・関　東一「消防法の研究」近代消防社

索　引　　　INDEX

あ行

伊豆熱川「ホテル大東館」火災事件　83

延焼罪　47, 48

応急消火義務者　26, 27, 28, 29

応急消火協力義務者　28, 29

か行

火災警戒区域　20, 21

火災警報　14, 18, 100

火災調査権　33, 34, 36, 37

火災の種別　9, 10

火災の定義　9, 13

火災保険　48, 49, 50, 51, 119

火災を発見した者　19, 117

火災をめぐる法律責任の諸相　114, 116

川治プリンスホテル火災事件　73

業務上過失致死傷罪　31, 57, 58, 60〜66, 75, 77, 79, 81

業務上失火罪　1, 55, 56

釧路「オリエンタルホテル」火災事件　69

熊本「大洋デパート」火災事件　70

軽過失　51, 93, 94, 100, 105〜107

現住建造物等放火罪　41〜48

工作物責任　60, 61, 97, 101〜104

公務執行妨害罪　92

五感（官）作用　36

さ行

債務不履行責任　1, 60, 61, 105〜108, 110

蔵王観光ホテル火災事件　82

地震・雷・火事・親父　7, 116, 120

失火罪　1, 51〜54, 114

失火責任法　94〜96, 98〜100, 102〜107, 112, 115, 116

実況見分　36, 37

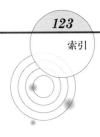

質問権　33〜38

重過失　94, 95, 97, 100〜102, 104
　〜107, 112

重失火罪　1, 53〜55

住宅用火災警報器　14

住宅用防災機器　13, 14

消火妨害罪　33, 90〜92

使用者責任　97, 99, 100, 101

消防警戒区域　25, 26

消防作業従事義務　31

消防車通過妨害罪　23

資料提出命令権　34, 39

新宿歌舞伎町ビル火災事件　86

人的調査権　34, 36

スナック「エル・アドロ」火災事
　件　76

製造物責任　109〜113

製品火災　39

責任無能力者の監督義務者等の損
　害賠償責任　97, 98

善管注意義務　105

千日デパートビル火災事件　67

損害賠償責任　1, 31, 32, 60, 61,
　93〜106, 108〜112, 115, 116,
　118, 119

た行

たき火　11, 15, 17, 18, 20, 21, 52,
　118

立入検査権　34, 36〜38

椿グランドホテル火災事件　65

な行

長崎屋尼崎店火災事件　84

は行

磐梯熱海「磐光ホテル」火災事件
　63

非現住建造物等放火罪　41, 44〜
　48

不法行為責任　1, 60, 93, 94, 97,
　105, 106, 109, 112

放火罪　41〜48, 92

放火予備罪　41, 48

報告徴収権　34, 35, 39

ホテル・ニュージャパン火災事件
　58, 59, 77

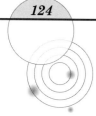

ま行

無用の法的責任　120

ら行

裸火　16, 17, 19

旅館「池之坊満月城」火災事件
　62

旅館「寿司由楼」火災事件　64

著者略歴

関　東　一（せき　とういち）

茨城県日立市出身
中央大学法学科卒
元　茨城大学講師
元　消防大学校客員教授
日本公法学会（行政法部会）会員

＜主な著書および執筆書＞

（著書）
「消防行政法要論」東京法令出版
「消防刑法入門」近代消防社
「消防措置命令の解説」東京法令出版
「消防法令解釈の基礎」東京法令出版
「消防法の研究」近代消防社
「消防基本法の要点（練習問題付）」研修館
「消防関係行政・刑事判例の解説」近代消防社
「防火管理責任の基礎」近代消防社
「立入検査の法律知識」近代消防社
「火災予防違反処理の基礎」近代消防社
「消防官のためのやさしい行政法入門」近代消防社
「消防官のための刑事訴訟法入門」近代消防社
「救急・救助業務の法律知識」近代消防社
「消防官のための憲法入門」近代消防社
「火災調査の法律知識」近代消防社
「消防活動の法律知識」近代消防社

（執筆書）
「火災予防査察便覧第1編・第5編」東京法令出版
「違反処理関係行政実例集」東京法令出版
「予防査察の要点」近代消防社
「査察執行要領第1編（理論編）」東京法令出版
「消防判例の要点」近代消防社
「消防作用法第5章〜第7章」ぎょうせい
「消防行政法入門」地球書館

編集・著作権及び
出版発行権あり
無断複製転載を禁ず

誰もが知っておきたい
火災と法律責任
―いざという時のために―

定価1,320円
（本体1,200円＋税10％）

著　者　関　東　一　©2021 Toichi Seki
　　　　　せき　とう　いち

発　行　令和3年3月22日（初　版）

発行者　近　代　消　防　社
　　　　三　井　栄　志

発行所

近　代　消　防　社

〒105-0021　東京都港区東新橋1丁目1番19号
（ヤクルト本社ビル内）

TEL　　東京(03)5962−8831(代)
FAX　　東京(03)5962−8835
URL　　https://www.ff-inc.co.jp
E-mail　kinshou@ff-inc.co.jp
〈振替　00180-6-461　　00180-5-1185〉

ISBN978-4-421-00948-4 C1030〈乱丁・落丁の場合はお取替え致します。〉